リーダーは夢を語りなさい

新幹線清掃会社「TESSEIの奇跡」が起きるまで

Teruo Yabe
矢部 輝夫

PHP
Business Shinsho

PHPビジネス新書

はじめに

私が日本国有鉄道、そしてＪＲ東日本の鉄道マンとして四十年の勤めを終えたのち、子会社である新幹線清掃会社ＴＥＳＳＥＩ（テッセイ。正式名称は株式会社ＪＲ東日本テクノハートＴＥＳＳＥＩ）へ移ったのは、二〇〇五年のことでした。

当時のＴＥＳＳＥＩはトラブルやお客さまからのクレームも多く、そこで働く人々は黙々と掃除をしながらも、お子さま連れのお客さまから「勉強しないと、ああいうふうになるのよ」と指差されるのを、聞こえないふりをしてやり過ごすようなこともあったといいます。きつい、汚い、危険――いわゆる「３Ｋ」の職場でした。

私は貧しい家に生まれ、両親はいつも身を粉にして働いていました。とくに、私たち三兄弟のために働く母の姿がＴＥＳＳＥＩで掃除をする人たちにかぶって見え、最初は胸が苦しくなるような気持ちになったのを覚えています。

もしかすると、故郷での暮らしから抜け出し、大きな会社で思う存分働いてそれなりの地位に就くようになったこともあり、TESSEIで再び目にした厳しい労働の光景に、反射的に拒否反応が出たのかもしれません。

しかし同時に、こんな思いも心の中に浮かんできました。

「私のような生い立ちで、私のような体験をしてきたリーダーだからこそ、縁の下の力持ちであるこの人たちに光を当てなければならない」

それからは、ひたすら私とスタッフたちの努力の日々でした。

もちろん、最初からみんなで意気投合して、やる気満々でスタートしたわけではありません。スタッフからすれば本社からやってきたリーダーに警戒心もありましたし、私のほうはひたすらに、「世界一の清掃会社になろう」と夢を語り続ける毎日でした。

そして七年が経ち、TESSEIは「奇跡の職場」として世界中のマスコミから取材を受け、世間の注目を集めるまでになりました。新幹線お掃除劇場としてミュージカルにもなりました。スタッフの顔や働く姿には、誇りが宿るのが見えるようになりました。

二〇一五年一月には、世界屈指のビジネススクール「ハーバード経営大学院」のテキストにTESSEIの事例が取り上げられ、九月には必修科目にも盛り込まれることになりました。駅のホームにはスタッフの仕事ぶりを見学に来る人が次々と押し寄せ、スタッフは家族から、「すごい職場で働いているんだね!」と言われるようになりました。

私たちは、夢を叶えたのです。

「まさに、イノベーションですね」

そう言っていただくことも多いのですが、私自身はスタッフに向かって「イノベーション」とか「改革」という言葉を使ったことはありません。

もっと当たり前で、もっと地味で、もっと時間のかかることばかりやってきました。

傍《はた》から見れば面倒でじれったいようなことに信念を持って取り組むことができたのは、私がTESSEIに来る以前に、鉄道マンとして長年上司に習い、部下を率いてきた経験があるからにほかなりません。

本書では、これまでにお話ししたことのなかった私の生い立ちからJRの鉄道マンとしての日々を含めながら、私なりのリーダーシップ論をまとめています。なかには取り返しのつかないような悲惨な事故の話なども含まれますが、二度と繰り返してはならない経験がリーダーを変え、強くすることもあると信じ、ありのままに書かせていただきました。

組織を率い、よりよい方向へ動かしていくことは、簡単なことではありません。それでも、リーダーが諦めずに夢を描いて見せ、自らが決意を持って行動することで、組織が確実に前進することもまた、確かなことであると思います。

夢とは、目標やテーマとも言い換えられ、それを具体化したものがプロジェクトなどの活動になります。

業種や規模がそれぞれである以上、私のやり方がそのままみなさんの組織に適用できるということはないでしょう。しかし「考え方」なら、どんな組織の方にでも参考にしていただけるのではないかと思います。私なりのリーダーシップのうち、どこか一つでもみなさんのお役に立てるとしたら、これ以上嬉しいことはありません。

「リーダーは人を変えようと思うな。夢を語り、その夢を叶えられるように環境を変えよ――」

この言葉を合言葉に、本書を進めていきたいと思います。

二〇一五年六月

矢部 輝夫

第二章　リーダーは、誰よりも気を長く持て

第三章　リーダーは、現場に頭を下げろ

第四章 公正に、平等に、小さな成功を喜び合う

第五章 リーダーは、語る言葉を持て

編集協力／新田匡央
装丁写真撮影／山口結子

序章

奇跡の掃除集団、TESSEIはどのように生まれたか

ハーバード・ビジネス・スクールからのオファー

ハーバード・ビジネス・スクールの選択科目で、今年一月より、株式会社JR東日本テクノハートTESSEI（テッセイ。以下、TESSEIと略）のケースが取り上げられています。今秋からは必修科目になるとのことです。

かの校の助教授、イーサン・バーンスタイン氏の依頼を受け、「リーダーシップと組織行動」「テクノロジーとオペレーションマネジメント」という二つの選択科目のジョイント講座の教材用に、取材を受けました。

ハーバード・ビジネス・スクールのような世界的に著名な経営大学院が、なぜ日本の小さな新幹線清掃会社であるTESSEIに興味を持ったのでしょうか。

二〇〇八年九月、世界のマーケットをリーマン・ショックが襲いました。そのとき、ハーバード・ビジネス・スクールを含む世界のビジネス・スクールは、かなり厳しい批判の矢面《やおもて》に立たされたと聞いています。

というのも、株主価値の最大化を標榜《ひょうぼう》しアメリカ流の市場経済を推し進めてきたことが、欲深《よくふか》な資本家ばかりを生み出した、と目《もく》されたためです。富の一極集中が起こり、本質を見誤った上っ面の金融活動が進められた結果あのリーマン・ショックが起こった、その片棒を担いだのが世界のビジネス・スクールだ、というわけです。

リーマン・ショックが起こった時期は、ちょうどハーバード・ビジネス・スクールの百周年記念だったそうです。その席で、ハーバード大学のキャサリン・ドリュー・ギルピン・ファウスト学長が百周年記念講演を行いました。そのなかで、三人の石切《いしきり》職人の寓話を持ち出しました。簡潔に表現すると、こんな話です。

三人の石切職人に、なぜ石切職人をやっているのかと問いました。

一人目は、生活のためだと答えます。二人目は、国で一番の石切職人になるためだと答えます。三人目は、大聖堂を建てるためだと答えます。

ファウスト学長は、「成果主義一辺倒のウォール街の住人は、二人目の石切職人だ」と断じました。そして、大聖堂を建てる目的がなければ石は必要ない、ウォール街の住人にはそのことがわかっていない、そう揶揄《やゆ》したのです。

ハーバード・ビジネス・スクールがＴＥＳＳＥＩに注目するようになった遠因は、ここにあると私は考えています。

つまり、石切職人という「ボトム」にいる人たちを大切にし、彼らに明確な目的意識を持たせるような経営をする。それが、これからの経営者に求められる資質だと、彼らは考えているのではないかと思うのです。そして、私たちＴＥＳＳＥＩが、まさにそれを体現していると見てくれたのだと思います。

「縁の下の力持ち」に光を当てる時代

現実のビジネス社会でも、年間所得が三〇〇〇ドル以下の低所得者層向けのＢＯＰ（Base of the Economic Pyramid）ビジネスが注目を集めています。ＢＯＰは世界の人口の約七割を占めるといわれていて、この層に向けた商品やサービスを開発することが、グローバル企業にとって重要だという認識はもはや常識といってもいいでしょう。

これはＢＯＰを商品・サービスの需要側としてとらえた考え方ですが、ＢＯＰを労働の供給側としてとらえた場合も、彼らの存在と生産性の向上なしに、世界経済は回っていかないことは明らかです。

彼らにしっかりと働いてもらうためにはどうすればいいか。自分たちが大切な役割を担っていることを認識してもらうにはどうすればいいか。世界最先端の経営理論を教えるハーバード・ビジネス・スクールが、その点を考え始めたということではないでしょうか。

誰でもご存知の、詩人の相田みつをさんの名作があります。

花を支える枝
枝を支える幹
幹を支える根
根は見えねんだなあ

（『にんげんだもの』文化出版局）

縁の下の力持ちのような仕事は、地味で、誰もが率先してやりたがる仕事ではない場合が多いものです。花や枝や幹という華やかな仕事を支える「根っこになる仕事」が、ものすごく大切であることは誰でも知っています。ところがそんな仕事でも、誰にも注目されず、評価もされなければ、やる側のモチベーションを保つことはできません。

かつてのＴＥＳＳＥＩには、まさにこの視点が抜け落ちていました。

私はもともと、貧しい家庭で育ちました。父も母も、いつも働いていました。両親が必死に育ててくれたからこそ現在の生活があるのだという感謝の気持ちは大人になってからもいつも抱いていたものの、それをうまく言葉にできていたかというと、足りないところも大いにあったと思います。

今回まとめさせていただいた私のリーダーシップは、そんな自分の生い立ちと密接に関係しているように思います。私のちょっと変わった幼少期については後述しますが、なかでも父と一緒に懸命になって働く母の姿は特別心に刻み込まれています。

母は、くも膜下出血により六十九歳で亡くなりました。

二〇〇五年、私がＪＲ東日本からその子会社である清掃会社・ＴＥＳＳＥＩに来てみると、母と同じような年齢のスタッフが、母と同じような労働をしていました。掃除をする女性たちの姿が、母の姿と重なりました。

それを見て、私はこう考えるようになったのです。

「私のような生い立ちで、私のような体験をしてきたリーダーだからこそ、縁の下の力持ちであるこの人たちに光を当てなければならない」

ＴＥＳＳＥＩのような場所で働く人たちが社会を支え、世の中が成り立っていることを、この人たち自身に自覚してもらいたい。その一心で動いた結果が、私なりのリーダーシップになりました。

そして、そんな個人的な思いとも関わりの深い私なりのリーダーシップに、世界一のビジネス・スクールが目に留めてくださったのは、「縁の下の力持ちに光を当てる時代」が来ていることを示しているのではないかと、そう思うのです。

「組織の歯車」から「自ら創造する組織」へ

十年前のＴＥＳＳＥＩは、自他ともに「お掃除専門の会社」という認識でした。

ごく自然なことです。ＪＲ東日本の子会社ですから、ＪＲ東日本から受託した業務（＝

掃除）を淡々とこなせばいいという意識が蔓延するのは無理もありません。当然、重視されるのはマニュアルで、スタッフはみなモチベーションうんぬんよりマニュアルに頼った仕事をしていました。

私たち鉄道の仕事に就く者にとって、マニュアルは非常に重要です。

私はJR時代、首都圏の指令部長をやっていました。指令部長とは、首都圏を走る列車の運行管理を一手に担う役職です。

首都圏で一日に列車をご利用になるお客さまは一四〇〇万人。常時走っている電車は六五〇本から七〇〇本に上ります。しかし、最も過密なスケジュールが組まれる山手線でも、人身事故や信号機故障などの事故がない限り、時刻通りに運行されます。

なぜ、そんな芸当ができるのでしょうか。答えはマニュアルです。

JR東日本の社員のうち、首都圏で働いているのは一日あたり約一万二〇〇〇人。それだけの社員が一糸《いっし》乱れぬ行動をしてはじめて、定刻通りの運行が実現されるのです。そのためには、厳格なマニュアルの存在が欠かせません。加えて、マニュアルをきちんと守れという本社主導の上意下達《じょういかたつ》のシステムがなければ、成り立ちません。

私も国鉄に入ったころは、時間を守れ、ルールを守れということを徹底的に仕込まれました。もう何十年にもわたって、その精神がすり込まれているからこそ、できていることは多い。すべての発想は、ここに立脚していました。

でも、マニュアルと、それを遵守せよという上意下達のシステムだけで進めようとすると、いいことばかりではありません。上司から「俺たちの言うことを聞け」「歯車の一つとして動け」と指示をされるのみの状況に、誰も、何の疑問も持たなくなるのです。

かつてのTESSEIも、まさにそのような状態でした。

そのTESSEIは今、「奇跡の職場」とまでいわれています。

スタッフは約八六〇人、そのうちの約四割がパートさんです。平均年齢は五十歳。まさに高齢者の、それも普通の会社でもあります。そんな普通の会社が注目されるのは、そこがお掃除の会社であるにもかかわらず、現場のスタッフを中心に「おもてなし創造会社」にチャレンジしているからです。

「おもてなし創造会社」については後に詳述しますが、要は現場のスタッフが自主的に「掃除の先にあるもの」を見つめて活動しているということです。

もちろん、規律やマニュアルはあります。厳格な運行管理が前提である新幹線のお掃除をする会社なので、早くきれいに仕上げることは当然の責務です。アメリカのCNNが

「7 minutes miracle（七分間の奇跡）」と呼んだ新幹線の清掃を、さらに進化させています。

しかし、それだけではないところがＴＥＳＳＥＩのＴＥＳＳＥＩたるゆえんです。掃除という基本業務を軸にして、もっとお客さまの前に出ておもてなしをしていく姿勢に変わっていったのです。日本の美徳である〝礼〟にもこだわり続けています。掃除が終わったあとに、「お客さまにみんなでお辞儀をしよう」などといったアイデアも、現場から上がってきたものでした。

マニュアルを駆使した「完璧な掃除」を目指す、という絶対の前提を崩さずに、自由な発想でアイデアや思いをお客さまに発信し、生き生きと行動することに努める。これを実現してきたからこそ、ＴＥＳＳＥＩは世の中に認められるようになったのです。

人を変えるより、環境を変えるほうが早い

というわけで、ＴＥＳＳＥＩが評価されるようになったのは、ここ数年のことです。私が来てから七年から八年くらい経ったころから、そうした評価をいただくようになりました。

よくお声をいただくのは、「たった七、八年でそんなにスタッフが変わるものですか」という驚きです。こう言われたときに私は、必ず次のように返事をしています。

「スタッフが変わったのではありません。人間なんて、七年や八年で変わるはずがないじゃないですか！　変わったのは、（本社の）マネジメントです」

それまでのＴＥＳＳＥＩのルールや行動指針は、次のようなものでした。

事故を起こせば「こら、ルールはちゃんと守りなさい」と言う。お客さまからクレームがあったら「ほら、お客さまの前では笑顔とマナーで実務に励みなさい」と言う。

多くの場合、こうした行動指針は掛け声で終わっていました。

しかし現実を見つめてみれば、ルールを守れなかったからこそ事故を起こしたわけで、それに対して「ルールを守れ」と言ったところで意味はないでしょう。クレームだって、わかっちゃいるけれど手抜きをしてしまったからこそ寄せられてきたのです。それに対して、「笑顔を見せてマナーを守れ」と言ったところで、問題の解決にはなりませんね。なぜできなかったのか、できないのか、という本質を探る視点が欠けていたのです。

企業は、人が行動を起こすことによってさまざまなものを生み出しています。そのためには、人に対する教育が必要です。ルールや行動指針も必要です。ただそれだけを提示してもだめです。どのようにして、これを理解し、実践してもらえるか。その背景、環境、仕組み、風土を見つめ直すことによって、組織は大きく変わるのです。

私は、ＪＲ東日本で長らく「安全」を担当してきました。人命に直結する、重い任務です。その経験から見て、「事故は繰り返す」ということは、まず間違いありません。過去にもあった事故が再び繰り返されたとき、どんな対策がなされてきたのか。それを並べてみると、興味深いことがわかります。

そう、まったく同じ対策が繰り返されているのです。ということは、またその対策を実行したところでまったく無意味ということです。正しそうに見えるけれど役に立たないことを捨てて、何かを変えない限り、事故やクレームは必ず繰り返されます。

「繰り返し言い続けることが大切だ。繰り返すことで、いつか変わる」。そんなことを信じている人には、次のようなケースを問い直してみたいと思います。

私は、列車の衝突や脱線など、数々の事故をこの目で見てきました。そのたびに「信号はちゃんと守りなさい」「制限速度はちゃんと守りなさい」という対策が打たれてきました。しかし、列車の衝突や脱線事故は、再び繰り返されます。

そのとき、巻き込まれて怪我をされたり、大切な人を亡くされたりするのはお客さまです。ご遺族の方に対して、「繰り返し言い続けることが大切だ」と言えるでしょうか？

「俺のかあちゃんを返せ」

「うちの息子を返せ」

「ばかやろう」

そんな悲痛な言葉に対し、「申し訳ありません、ルールを守ることを徹底します」などという対策を、面と向かって言えるでしょうか。

製造業でも同じです。不良品ができたとして、何も変えず、「今までのルールを繰り返し徹底すること」で終わっていたら、不良品は必ずまた発生します。製品は売れなくなり、その企業は倒産してしまうでしょう。

問題が起きたら、悠長なことを言っている暇はないのです。同じシステム、同じ環境、同じ仕組みのなかでは、同じ事故、同じミス、同じクレームが繰り返されます。

常に変化することを恐れず、改善を求める姿勢を持たなければ、企業が活性化し、信頼され続けることはありません。ＴＥＳＳＥＩは、その「同じ課題に同じ対策、マニュアル遵守さえしていればＯＫ」という殻を打ち破ったからこそ、世界から評価される会社になったのです。

現場力はリーダーシップが強くする

常に変化することを恐れず、改善を求める姿勢を持てなどと言うと、すぐ「改善力」「現場力」といったフレーズに押し込められてしまいそうです。しかし、そうした発想である限り、その試みは掛け声だけに終わってしまうでしょう。「現場力」は今、誤解されやすい言葉であると感じます。

私は、「現場力は総合力・本社力」だと言っています（早稲田大学ビジネススクール・遠藤功教授の受け売りなんですが……）。次ページの図のようなイメージです。

本社という概念を外して考えれば、本社力は「リーダーシップ」と言い換えてもいいでしょう。本社力（リーダーシップ）が現場力を高め、それが安全、サービス、おもてなし、高性能の品質、コンプライアンスにつながり、価値観の変革に至るのです。

昨今、現場力を高めよう、というフレーズがひとり歩きしているように思います。現場力を高めるためには、まずリーダーシップが必要です。リーダーシップによって、現場力

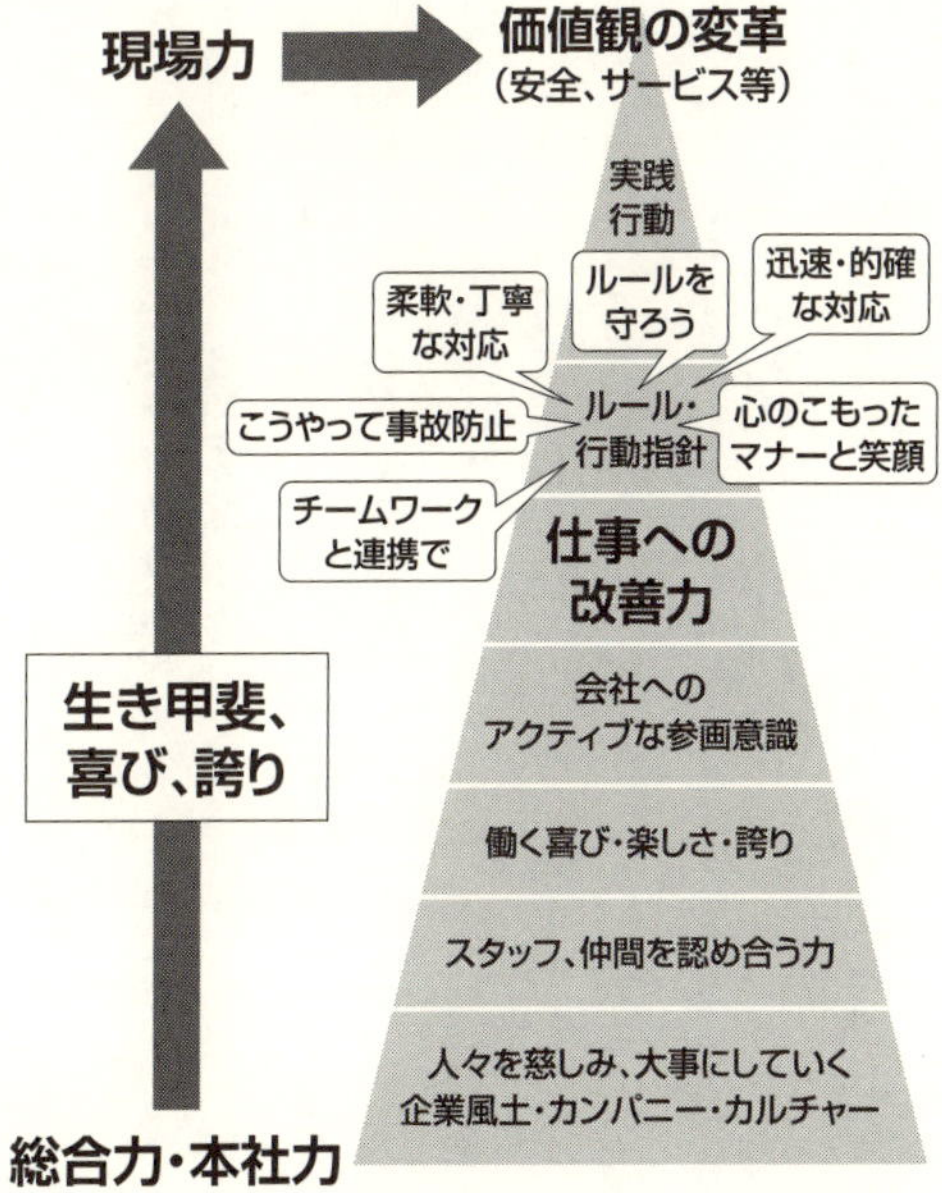

を高めていくのが正しい順番です。

これも、私が安全に携わったときに自分なりに培った考え方です。安全を推進するための教科書には、テクニック論ばかりが書いてありました。事故を防ぐためには、「こういうことをしなければならない」という理論です。はたして、それだけで事故は防げるのかという疑問が、別方向の発想をする発端になりました。

理論やテクニックをいくら言い募っても、会社の風土や文化が事故を防ぐものになっていなければば、現場には伝わらないのです。ただ単にテクニックや理論を現場に押しつけるだけでは、本当の安全は達成できませんでした。

また、ＴＥＳＳＥＩが実現する「おもてなし」も、その意味を勘違いされることがしばしばあります。おもてなしといえば、笑顔で感じよく、誰に対しても親切に、といったようなことが思い浮かべられがちです。しかし、私たちＴＥＳＳＥＩのおもてなしは、そうした類《たぐい》のものではありません。

私たちのおもてなしは、たった一つです。先ほども申し上げた「7 minutes miracle」は、実際は五分三十秒で終了します。はじめから五分三十秒だったわけではなく、たゆまぬ努力によって短縮しました。これこそが、私たちの最高のおもてなしです。

ＴＥＳＳＥＩのおもてなしは、速くて正確で完璧な清掃。これこそが原点であり、強みであり、ブランドです。

以前はマニュアルを作り、マニュアルから外れたことをやったら「けしからん」と言われていました。「余計なことをしないでちゃんとやれ」ということです。

しかし、それではスタッフのモチベーションは下がっていくばかりです。マニュアルに書かれた通りに、機械的に仕事をするだけでは、掃除の質を高めることはできません。

モチベーションを高め、商品やサービスの質を高め、それをお客さまに提供してはじめておもてなしになるわけです。そのためには「こうやってやれ」「ミスをするな」「ちゃんとやれ」と繰り返すのではなく、違う方法を考えなければなりません。

そしてその方法を考えるのが、私が言うところのリーダーシップです。

実際、方法を変えるだけでＴＥＳＳＥＩは生まれ変わりました。ＴＥＳＳＥＩの仕事に特別な夢も希望も持っていなかった多くのスタッフが、劇的に変化したのです。

私が変えたのではありません。スタッフがもともと持ち合わせていた、仕事に対する思いや情熱が素直に出せるようになり、それを実践するようになったのです。

だから私がやったのは、スタッフが自分の思いや情熱を素直に語り、実践できるような場を整えたことだけ、といえます。まず「ＴＥＳＳＥＩをこんな会社にしよう」と自ら夢を語り、スタッフが各々の夢を語り出したら、それを全力でサポートしただけです。これだけのことですが、これこそがリーダーの役割だとも思っています。

スタッフの働く意欲、働く誇り、生きる喜びを引き出し、それをもってサービスの質を高め、お客さまに提供するサービスを向上させて快適な気分になっていただくこと――それこそが、リーダーがやるべき仕事です。

「ああしろ、こうしろ」「余計なことをするな」「言われたことだけやっておけ」……それよりも、絶対に守るべきラインを明確にしたうえで、「こうしたいんだけど、どう?」「あれもやってみたいんだけど、どうかな」とみなでやるほうが、それは楽しいに決まっています。

リーダーの仕事は夢を描き、語ってみせ、みなにその火をうつしていくことなのです。みなが夢を語り出したら、あとはもう、その火を絶やさぬよう大きくしてゆくだけでいいのです。

第一章

気の弱い子どもが豪胆のリーダーになるまで

香具師の家に生まれて

私の考えるリーダーシップ論についてお伝えする前に、まずは私のバックボーンについて少しお話しさせていただきたいと思います。前述の通り、TESSEIの改革で注目していただいた私のリーダーシップを形成する重要な要素のいくつかが、かつての生活や仕事によって形づくられているからです。

少しばかり長くなりますが、なかなか変わった家庭に生まれた身なので、退屈はさせません。お付き合いいただければと思います。

私の生家は宮崎県の延岡市。

みなさんは、香具師《やし》という仕事をご存知でしょうか。

縁日や祭礼など人出の多いところで見世物を興行したり、露店でさまざまな商品を売ったりすることを生業《なりわい》とする人たちの元締めのことを指します。いわゆる「ヤクザ者」とも言われる人たちですが、父方の祖父がその香具師、それも元締めという仕事をしていました。

私たち孫にはとても優しい祖父でしたが、祖父に連れられて買い物に行ったとき、道ですれ違った警察官がパッと脇にどいたので、幼心に不思議に思った記憶などがあります。風呂に入っているときに殴り込みをかけられ、ドスで刺されたこともある祖父でした。

小さかったので定かなことは覚えていませんが、雰囲気が普通の人とやや異なる人たちが家に集まってきては、みんなで何かやっている様子は印象に残っています。自分の家がよその家とちょっと違うということは、雰囲気でわかっていました。

母はそんな仕事を快く思っていなかったようですが、いい思い出もまったくないわけではないようでした。地元の劇場に当時の時代劇スター、月形龍之介が公演に来た際に、興行に絡む香具師の元締めである祖父のところに挨拶《あいさつ》に来て、まだ小さかった私を膝に乗せてくれたというのです。「かわいい坊ちゃんですね」と言ってもらった（性別は間違えられたけれど）、という話をする母はいつも嬉しそうでした。

私にも、鮮明に残っている記憶があります。怖い記憶です。

ある日、家に二人組の男が押し入ってきたのです。殴り込みというやつです。玄関のガラスの割れる音がして、怒号が響き渡りました。相手は刃物のようなものを持って暴れており、我が家からは父と叔父が木刀で応戦していました。

いったい何なんだ……。

私は祖父にしがみつき、目を背けていました。すると、祖父が叫んだのでした。

「輝夫！　父ちゃんのやってるこつ（こと）、ちゃんと見とけー！」

私は、気が小さく、泣き虫でした。祖父は「おまえも強い男になるんやぞ」という意味であぁ言ったのだと思いますが、本当に怖かった。怖かったですが、普通ではありえないこんな光景が、のちの私に影響を与えたようにも思います。

そんな変わった家でしたが、母は教育熱心でした。小学校に上がる前から、私たち兄弟を膝の上に乗せて、新聞や本を声に出して読んでくれました。忙しい身でありながら、その習慣は欠かさず続けてくれ、おかげで私は幼いながらに、新聞のひらがなで書かれた部分を拾って読むようになりました。周囲は驚いていたといいます。

香具師の一家に嫁いだ母は、私たち子どもにはその道に進んでほしくないという思いが強かったのだと思います。父は尋常小学校しか出ていませんが、母は女学校まで出ていました（恋愛結婚らしいのですが、なぜこうした二人が結ばれたのか、理由を聞いても母はだまって笑っているばかりでした……）。自分の受けた教育をなんとか子どもたちにも受けさせてあげたい、そんな考えがあって、熱心にやってくれたのだと思います。

その当時はそれでも少し裕福だったものですから、本だけはたくさん買ってもらいました。なかでも好きだったのが、宇宙に関する本でした。月までの距離はどれくらいか。太陽までの距離はどれくらいか。地球の周囲はどれくらいか。そうした本を、弟と懸命になって読んでいた覚えがあります。自分の立つ場所からはるかに俯瞰《ふかん》して宇宙を眺める面白さや、何万キロ、何光年などの数字の面白さに魅せられました。三つ子の魂百までといいます。このとき受けた教育は、その後の私にとって大きな意味を持ってきます。

父の破産から貧乏生活へ

祖父の跡を継いで香具師になった父でしたが、私たち子どもが生まれてしばらくして教育上よくないからと足を洗い、その後、小さな製菓会社を興しました。

しかし、父が保証人になった会社が倒産してしまい、資金繰りに行き詰まった父の会社もすぐに破産しました。私が小学校五年生のとき、父の兄である伯父を頼って、夜逃げ同然で福岡県直方《のおがた》市に転居しました。

転居したといっても、破産したのですから恵まれた条件ではありません。新しい住まいは、四畳半一間の掘立小屋でした。一度税務署の職員が固定資産税を徴収するための視察に来たそうですが、家を見て、何も言わずに帰ったといいます。

「ここには何もない。税金なんか取れるかっ!」

母がそう言っていたことを覚えています。四畳半一間の掘立小屋に、両親と兄弟三人の計五人で暮らしていたので、そう言いたくなる気持ちもわかります。

直方に来たばかりのころ、両親は行商で生計を立て始めました。朝早く、夜遅い両親に代わって、ご飯を炊くのが私の仕事になりました。掘立小屋には水道は通っていません。毎日午後四時に学校が終わると、すぐに帰ってきてランドセルを置き、天秤棒を担いで近所の井戸に水をもらいに行きます。七輪に豆炭で火を起こし、そこに鍋をかけてご飯を炊きました。小学生のときから天秤棒を担いでいたおかげで、足腰は鍛えられました。

ご飯を炊き終えると、家に続く道が見える場所に兄弟三人で行き、座って足をブラブラさせながら両親の帰りを待ちます。

「まだ帰ってこんっちゃろかね」

「あ、帰ってきた!」

「や、違うとった……」

母を待つ光景を今でも覚えています。貧しく、満足にものを食べられないといったところもありましたが、兄弟三人はすごく仲がよかったと思います。

貧乏でも、学校には行きました。ちょっとでもサボると、母から烈火のごとく叱られるからです。小学校五年生の終わりに直方に移ってからというもの、中学校、高校と真面目に学校に通いました。貧乏ゆえに教科書を買うお金がなく、近所の年長の子どもから使い終えた教科書を譲ってもらっていて、それを理由にその子どもから罵声を浴びせられ、悔しさのあまり教科書を目の前に積み上げて泣いたこともありました。

両親ともに働いていたので、母は父兄参観日にも来られません。土門拳が『筑豊のこどもたち』という写真集で表現したように、直方はほとんどが貧乏人でした。私の家を含め、そうした人は父兄参観になど来ません。来ているのは商店街のお母さんなど裕福な家の人だけで、そんなお母さんたちはみな、きれいな格好をしていました。

一度だけ無理を言って母に来てほしいと頼んだら、都合をつけて来てくれたことがありました。でも、私の母は父兄参観に着てくるものがありません。仕方なく、母は割烹着を身につけてきました。少しでもこぎれいにしようと思ったのでしょう。行商でまっ黒に日焼けした肌に、おしろいを塗っていました。でも、おしろいの白と日焼けの黒がまだらになっていました。

私は恥ずかしさのあまり、思わず母に言いました。

「母ちゃん、忙しかろうから、もう来んでよかばい」

言ってから、しまったと思いました。本当に寂しそうな母の顔は、今でも忘れられません。ふと出た言葉がどれほど人を傷つけてしまうか、気づいたときには手遅れでしたが、その後も思い出すたびに胸が痛みます。

国鉄、機関車への憧れ

そんな我が家とは違い、裕福な家——商店街の家庭に加えて、もう一つ裕福そうな家がありました。それが、国鉄マンの家でした。国鉄マンの父を持つ子の家に遊びに行くと、大きな本棚があって、そこにたくさんの本が並べられていました。

のちに知ることになりますが、国鉄マンは頻繁に試験があるので、勉強をする人が多いのです。それを見て、「将来は本棚を買って百科事典を並べよう」というのが私の夢になりました。国鉄に入ることを意識したのは、このころからでした。

国鉄といえば、延岡にいたときに祖父が蒸気機関車好きの私を連れて、延岡と南延岡間の一駅を往復する「旅」に連れていってくれました。父とはよく近くの五ヶ瀬川にハゼ釣りに行きましたが、川に架かる日豊本線五ヶ瀬川橋梁を通過するC62という、当時最も大型の蒸気機関車を見ては興奮していました。

機関車に向かって手を振ると、機関士が手を振り返してくれます。その姿は、白い絹のマフラーに白い手袋をはめてゴーグルをかけた、とびきり格好いいものでした。

私が小さかったころは『加藤隼戦闘隊』などの戦記物が流行していました。蒸気機関車の機関士がゼロ戦の飛行機乗りの姿と重なり、憧れは募っていきます。

その後国鉄に入ってがっかりしたのは、白い絹のマフラーだと思っていたものが白い手拭いだったことでした。冷房などない時代、機関室は非常に暑く、常に汗を拭っていないと耐えられなかったのです。ゴーグルだと思っていたのは、単なる眼鏡。炭塵《たんじん》が目に入らないようにしていたのです。白い手袋は、もうおわかりでしょう。そう、軍手です。単に手が汚れるから、必需品だったというだけの話でした。世の中には、知らないほうが幸せなこともあるようです――。

上に立つ者の傲慢さを知った中学時代

中学生になったころには、三井三池争議が尾を引いていました。この労働争議は激しいもので、労働組合員が暴力団員に刺殺される事件まで起こっています。

一九六三年には炭塵爆発が起こり、四〇〇人を超える死者と八〇〇人を超える一酸化炭素中毒者を出す大惨事が起こりました。爆発は、坑内に充満した炭塵に火花などが引火することで起こるのですが、これは坑内を清掃することや散水して炭塵を落とすことによって防ぐことができます。にもかかわらず、ストライキの激化によって、会社側は労働者の安全対策すら怠っていたのです。

そうしたさなかに、使用者と労働組合の委員長が団体交渉と称し、麻雀卓を囲んでいたという話を耳にしました。委員長が役満をツモって「これで妥結や」などとふざけたことをやっていたというのです。中学生ながら、その話を聞いて本当に悔しい思いをしました。

これだけの数の死者まで出しているのに、上層部は癒着して組合員をコマのように使っている。上に立つ者の身勝手さ、傲慢《ごうまん》さを見せつけられた思いのする出来事でした。

そんな社会に反発を覚えながらも、母に仕込まれた勉強に対する姿勢は変わらず、授業だけは真剣に聞いていました。私の遊び友達には、勉強などしない半分グレかかった者しかいませんでしたが、私の成績はトップクラスでした。三〇〇人の同学年生のなかで、常に一位から五位には入っていました。

ガリ勉の秀才をバカにする悪友たちですが、放課後常に一緒に遊んでいる私の好成績は、不思議で仕方がなかったようです。

「矢部くんは、どこで勉強しよっとか」

（誘惑に負けず、授業を真剣に聞くこと。遊び疲れても家で勉強すること）

人知れず努力はしていましたが、悪友との友情を両立させるには困りませんでした。

そんなこんなでそれなりに成績がよかった私ですが、一緒に遊んでいた連中は、勉強もできなくて悪さばかりしていました。でも大人になってみると、先生から怒られてばかりいた連中のほうが、早々に事業を興したりするなど、生き生きとしていたのですから不思議なものです。

成人してから直方駅前を歩いていていると、ヤクザのような男から声をかけられました。車種は忘れてしまいましたが、大型の車に乗った男でした。

「おい」

（……！　これは、やられる）

胸の鼓動が速まりましたが、それに続く言葉を聞いて戸惑いました。

「矢部ちゃんやないか〜！」

強面《こわもて》を見てうろたえましたが、落ち着いて顔を見ると、一緒に悪さをしていた仲間のタカクラケンくんでした。俳優の高倉健さんは芸名ですが、彼は正真正銘のタカクラケンくんです。話を聞くと、独立して商売を始めたといいます。まるで勉強しなかった彼の姿からは、まったく想像もできません。

別の仲間で、大阪で事業を始めた者もいました。当時はそういう破天荒なタイプの人のほうが、自分で道を切り拓き、自らの力を頼りに突き進んでいたようです。

それに比べて、中学生のときに模範生だった人は、お決まりのように地方公務員試験に受かって市役所に勤めるようになり、とたんに覇気がなくなっていきました。大学を出て有名企業に入った人たちも、いつの間にか組織に埋没して個性を失っていきました。

人間というものは単純な生き物ではない、深くて複雑な生き物だ、ということは、彼らから学んだように思います。

勉強を諦め、陸上競技に没頭する

中学二年生の担任は、椛田《かばた》礼二さんという先生でした。椛田先生の実家は乾物屋を営んでいて、私の窮状を見てアルバイトをさせてくれました。夏休みの一ヵ月間で、当時のお金で一〇〇〇〇円程度もらったと記憶しています。先生のご厚意でしたが、私は中学校二年生です。義務教育の生徒は働くことが禁じられていたので、労働基準監督署に呼ばれ、いろいろと質問を受けました。

中学生になっても貧乏生活は相変わらずで、小学校の卒業アルバムは無料でもらいましたが、中学と高校のアルバムは有料なので買うことができませんでした。お金がかかる遠足も、ほとんど行ったことはありません。頭が痛い、腹が痛いと仮病を使って、休んでいました。ただし、両親は修学旅行だけは行かせてくれました。いい思い出です。

椛田先生が、両親に話があるということで、ある晩に私の家に来られました。

「もったいないから、高校に行かせてやらんね（行かせたらどうか）」

私の進学に関することでした。でも、家にはお金がありません。生活保護を受けるという話も出ましたが、生活保護を受けて子どもたちに恥ずかしい思いをさせたくないと、父がその案は却下しました。結局、生活保護は受けずに、なんとか高校も行かせてくれることになりました。

進学するといっても、高校では勉強する気はありませんでした。私は、もともと中学を卒業したら働くつもりだったからです。地元の進学校に合格しましたが、大学に行くお金はさすがにないと考え、勉強に身が入らなくなりました。

その代わり、中学時代から始めていた陸上競技に没頭するようになります。

種目は中距離、主に一五〇〇メートルです。どうすればもっと速くなるかと、図書館に行って資料を探し始めます。偶然、かつてのソ連の陸上競技のテキストを翻訳したものが置いてありました。そしてその本の巻頭で、貴重なひと言と出合います。

そこには、こんなことが書いてあったのです。

「今からこの本を読む人は、自分が瓦なのかダイヤモンドの原石なのかということを、きちんと判断してください」

何のことだろうと不思議に思いながらも、読み進めていきました。

「同じような格好をしていても、瓦はいくら磨いても光りません。しかし、ダイヤモンドの原石は磨けば光ります。陸上競技には、才能というものがあるのです」

書いてある内容のシビアなこと。本当に驚きました。陸上競技を普及するどころか、才能のないヤツは諦めろと書いてあるではありませんか。

しかしよく考えると、私は自分が瓦であることはわかっていました。でも、陸上を辞めようとは思いませんでした。本に書いてあるように、競技者としての可能性はなくても、走る喜びを感じたり、一秒でも二秒でも記録を伸ばしたりする努力だけは続けようと考えを変えたのです。当時、あわよくば日本体育大学にでも行ければいいと夢想していましたが、そんなことはそれ以来、一切考えなくなりました。お金でも才能でも、ないものはないのです。そしてやはり私は、高校を卒業したら働くことになります。

憧れの国鉄に入社

高校を卒業するにあたって、就職先を国鉄にするか八幡《やわた》製鐵にするかで迷いました。

私が就職を考えた時期は、日本製鐵が戦後に制定された過度経済力集中排除法によって分割され、一九七〇年に新日本製鐵ができるまでの間で、八幡製鐵所が八幡製鐵によって運営されていた時代です。「鉄は国家なり」と言われるなど、当時は重厚長大産業の雄として君臨していました。

しかし、子どものころからの憧れでもある蒸気機関車に触れたいという思いが勝ちました。しかも、国鉄に二年勤めれば、東京・国分寺にある中央鉄道学園という三年制の大学に、国鉄から給料をもらいながら通うことができるという情報もつかんでいました。金銭的な理由で大学進学を諦めた身としては、非常に魅力的なシステムです。

中央鉄道学園を卒業すれば、本社採用の大卒エリート職員とは条件が異なりますが、地方局採用の大卒と同じ幹部候補生の扱いを受けられることも選択の動機になります。私は国鉄の受験を決め、晴れて国鉄職員となりました。一九六六年四月のことです。

配属されたのは、筑豊本線の最北端に位置し、蒸気機関車の車両基地である門司《もじ》鉄道管理局若松機関区。初日から蒸気機関車の掃除が業務として割り当てられましたが、煤《すす》と油でまっ黒けになります。それが毛穴にまで入り込んでしまい、どんなに懸命に洗っても取れません。当時は汽車で通勤していたのですが、同級生に見られるのが恥ずかしく、煤と油がしみ込んだ手を隠しながら乗っていました。

憧れだった鉄道マンの仕事。

しかし三日目、耐え切れず辞めることを考えました。本当にそれほど辛かった。

でも、母が悲しむ顔を見たくない。その一念で、踏みとどまりました。

北九州市若松は、読売新聞に連載された火野葦平の小説『花と竜』の舞台になったところです。高倉健、石原裕次郎、中村錦之助、渡哲也など、錚々《そうそう》たる役者が主演を務めて映画化されるなど、仁侠映画としても大ヒットを記録します。

小説や映画で描かれるように、若松は気性の荒い男たちが跋扈《ばっこ》する危険な町でした。国鉄の職員とはいえ、先輩たちにもヤクザ者が少なくありません。剃りを入れたりするなど、とても国鉄職員とは思えないような姿をしていました。

私は、その先輩たちからパチンコの手ほどきを受け、未成年ながらお酒もしこたま飲まされました。次の日に慣れない飲酒のためじんましんが出て大変な目にあったこともあります。

でも、そういう格好はしていても、先輩たちは仕事には厳しい人ばかりでした。若い私は彼らから仕込まれ、メキメキ仕事を覚えていきます。おかげで、一年と少しの期間で機関助士試験に合格することができました。勉強は、数字に強く機械系が好きだったことから、それほど苦になりませんでした。

危険と隣り合わせの職場

机上の勉強は嫌いではありませんが、機関助士になるための訓練の一環として、岡村指導機関士から受けた投炭《とうたん》訓練は厳しいものでした。

投炭訓練は、スコップで一五〇杯の石炭を、窯に見立てた罐の中に投げ入れる作業を二回繰り返すものです。スコップ一杯あたりだいたい一キロ、二回一セットで三〇〇キロになります。それを一セット五分以内で完了させるのです。

しかも、単に投げるだけではありません。火の回りをよくするために、投げ入れた石炭に隙間が空かないようにしなければなりません。さらに、火の勢いの関係で、窯の場所によって厚みに変化を持たせるようにくべていく技術も求められます。慣れないうちは罐の縁で手を切って血だらけになったり、やっているうちに手が上がらなくなって罐の中に石炭が入らなくなったり、足元が石炭だらけになってしまうこともありました。

そんなある日、岡村指導機関士から一緒に訓練を受けていた四人の同期が呼ばれました。

「手相を見たる」

それが岡村さんの言葉でした。ほかの三人のときは「いいな、おまえの手相は」と言っていたのに、私のときだけは「ふーん」と言ったきり何も言いません。

不安でした。結局、そのときは何のことかさっぱりわからなかったので、しばらく経ってから岡村さんをつかまえて聞いてみました。

「岡村さん、あのとき何《なん》も言いませんでしたが、何《なん》かオレ、悪いこつあっとですか」

「バカ。手相なんか見るわけないやろ。あれは、みんながどれだけ練習しているかを見たったい」

岡村さんは、私の手だけみんなとは違ったと言ってくれました。

努力を見ていてくれて、評価してくれる人がいるのは、嬉しいものです。

機関助士にはさまざまな仕事がありますが、なかでもこの蒸気機関車に石炭をくべる仕事は重要な役割です。機関士がレギュレーターを操作して蒸気を送り、機関助士が石炭をくべるタイミングが絶妙になるとき、蒸気機関の能力が最大限に発揮されます。しかも、煙は最小限に抑えられます。しかし、なかには下手くそな機関士もいます。その腕が如実に表れるのが、トンネルを通過するときです。

山を越えるトンネルは、平地を掘っていけば工事が大規模になってしまいます。ある程度山を上り、適当な位置で掘っていきます。したがって、トンネルにたどり着くまでは上り勾配《こうばい》を走ることになります。上りでは蒸気機関のパワーを必要とするので、蒸気も通常より多く送らなければなりません。蒸気の量が多ければ多いほど、煙が出ることになります。機関士と機関助士の腕は、トンネルに入る手前の段階で、いかに煙を少なくするかというところに表れます。

下手な機関士は、上り勾配の途中で蒸気を送りすぎてしまいます。蒸気を使いすぎてしまうと、ボイラーの水面計が下がってしまう。そのままにしておくと、水がなくなってボイラーが爆発します。仕方がないので、水を入れるしかありません。ボイラーに水を入れると、水の温度が低いので蒸気が発生せず、ボイラーの圧力は下がってしまいます。すると、勾配を上れません。解決するには、石炭をくべて火力を強くするしかありません。

トンネルの手前で石炭をくべろと指示されても、くべれば大量の煙が発生します。それでもくべなければ上りきることはできません。どちらを選択するかは明白です。運行に支障を来すことはあってはならないからです。

「矢部、危ない。タオル巻け！」

案の定、大量の煙が発生し、窓で覆われていない蒸気機関車の運転室に充満していきます。煙で機関士が見えません。一酸化炭素を含んだ煙を大量に吸えば、失神してしまうこともあります。場合によっては一酸化炭素中毒で死ぬ可能性もないわけではありません。

蒸気機関車の運行は、危険と隣り合わせでした。

危険は、運行に限ったことではありません。車輪と車輪をつなぐ主連棒《しゅれんぼう》という部分がありますが、車輪の回転とともに主連棒と複数の連結棒が上下します。それがうまく連動して車輪が動くのですが、修理・点検のために手を突っ込んでいるときに、連携が行き届かず動き出してしまうことがあるのです。主連棒に挟まれて、腕を切断してしまう人もいました。

鉄道は、常に危険と隣り合わせともいえる職場です。私もこの職場で、だんだんたくましくなっていきました。

血気盛んな鉄道職員たち

国鉄に就職してからちょうど二年後、目的だった中央鉄道学園大学に合格、東京への転勤が決まりました。母は寂しそうにしていましたが、夜行急行で直方を出発し、新大阪から東京行きの新幹線に乗ったときは「よし、やったぞ」と昂《たかぶ》った記憶があります。

基本的には、八時半から五時くらいまでが授業、残業はなく、授業が終わると完全に自由時間でした。終業後にバレーボールの部活をやったり、それが終わってから飲みに行ったり、さまざまなことをして遊んでいました。少しばかり寝なくても、授業中に寝ればよかったので気が楽なものです。授業は座学と実習がありました。勉強には身を入れて取り組みませんでしたが、自治会の役員やさまざまな遊びを経験するなど、有意義な三年間でした。

卒業後、再び門司鉄道管理局に戻ります。こんどは直方気動車区に配属され、気動車の整備をする車両係を一年、運転士を一年、車両検査係を三年やりました。

一九六七年くらいからストが頻発するなど、当時は国鉄が最悪の時代に入っていました。門司鉄道管理局でも、国鉄労働組合（国労）と国鉄動力車労働組合（動労）という二大労組が我が物顔に跋扈していました。

若松機関区にいたときは動労に所属していましたが、戻ってみたときの動労のあまりの変わりように反発しました。

あまりにもイデオロギー闘争に偏向し、現実的な課題解決から乖離《かいり》していたのです。誰のための、何のための闘争なのか、わからなくなっていました。そして私は第三組合の分会を立ち上げ、書記長として彼らと対峙することになりました。

ある朝出勤すると、私たちの組合が所有する掲示板に、ほかの組合のビラが貼られていました。

「あいつや」――かつて若松機関区にいたときの動労の人間で、直方気動車区に移って動労の青年部長をやっているヤツに違いないという確信が私にはありました。検査係が使う点検ハンマーを持って、みんなが待機している詰所に怒鳴り込みます。

「コラ、おまえがあのビラ貼ったんやろが。剝がせ！」

すると、車両係のそいつが私より大きいハンマーを持って出てきました。ハンマーの大きさではこちらの負けです。さてどうするか。相手が怒鳴り返しました。

「俺は知らんぞ！」

「おまえが貼ったってわかっとるやろが！」

にらみ合いが続きました。

すると、動労の組合の役員でもある検査長が出てきました。

「待て待て、矢部、すまんやった。調べたら俺たちが貼っとったみたいや。すぐに剝がさせるから、ここは引け」

お互いの誤解から生まれたいざこざでしたが、気弱だった私もずいぶん血気盛んになったものでした。ちなみにその後、最後にはにらみ合ったそいつとは仲良くなりましたが、みんなの面前では対立しているふりをし続けました。

リーダーは胆力だ、と気づいた日

そんなある日、門司鉄道管理局本局の機関車課長から呼び出されました。彼は、本局のボス的な存在です。

「何をごたごたやっとるんや」

言いがかりに近いような言葉に、つい反発を覚えました。

「ごたごたやっとるんやなかです」

それでも、彼はたたみかけてきます。

「もういい。おまえは直方で飼い殺しにしたる」

カッと頭に血が上りました。

「やったらよかじゃないですか！」

売り言葉に買い言葉で、ついそう言ってしまいました。このやり取りには、伏線がありました。

国労、動労ともストライキに入っていたとき、私たち第三組合はストライキを行いませんでした。彼らがスクラムを組んで大騒ぎしている間も、一部ですがダイヤ通り列車を運行していたのです。相手から見ると「スト破り」です。乗務時間になったため、私は列車が置いてある場所に行きました。ストライキをやっているのに列車を動かそうとする私は、彼らにとっては邪魔な存在です。ストライキの効力が薄れてしまうから、当然です。

そのため、もし囲まれて拉致されたら困るということで、鉄道公安官が一緒についてきてくれました。運転室に登って列車を出そうと思っても、線路の向こう側には組合員が集まってシュプレヒコールを上げています。

（このままでは時間に間に合わん。仕方がない）

私は、汽笛を思い切り踏んで叫びました。

「こら！　そこにおると轢《ひ》かれるぞ。どかんかー！」

正直、列車に乗り込むときには手が震えていました。そこにいるすべての人が、私の顔を見てにらんでいたからです。その恐ろしさを、うまく表現することはできません。

その出来事が、機関車課長に報告され、呼び出されたというわけでした。矢部はおかしい、なんとかしろという声があったのでしょう。こっちとしては、もういい加減にしてくれという気持ちで「やれるもんならやってみろ」と返したのでした。

当時、私たちの組合には組合員が二〇人程度いました。拉致こそされませんでしたが、裏に引っ張り込まれて転向を説得されることもあったようです。でも、私のところには誰も来ませんでした。何を言っても無駄だと思ったのでしょう。

今でも大切にしているのは、リーダーは胆力だ、ということです。おまえは馬鹿じゃないかと言われても、恐怖に震えても、自分の主義主張を通すことができなければなりません。自分についてきてくれる二〇人全員を、脱落させることなく導いていけるだけの胆力が必要だと、このときに気づけたのでした。

転機となった「守破離」の教え

実際には、飼い殺しにしてやると言われ、内心「まずい」と思っていました。とはいえ、一度振り上げた拳《こぶし》を、私から下ろすことはできません。そのとき、気動車区で人望が厚く、組合からも信任を集めていた佐藤車両検査長に話しかけられます。

「矢部よ、ちょっとこっちに来い」

気動車区の隅にある線路の脇に二人で腰を下ろし、いろいろ世間話をしました。佐藤車両検査長は最後に、まだ若い私に「守破離」という考えをもって諭してくれました。

ご存知のことと思いますが、「守破離」は武道や茶道など修行に関する順序を示す考え方であり、転じて師匠と弟子の関係性についても類推できるものです。

守は、師の流儀を見習い、その奥義《おうぎ》を身につけること。

破は、その奥義を鍛練によってさらに熟達させること。

離は、それらすべてを乗り越え、自らの流儀を編み出すこと。

張り詰めていた気持ちがふっと軽くなり、機関車課長にやり返した自分を後悔しました。機関車課長に悪いと思ったのではなく、下手をすれば国鉄の幹部候補生として身を立てる夢やそれに向かって努力してきたことが、まったくの無駄になってしまうからです。

そこで私は、組合活動に鬱々とするだけでなく、新たなベクトルを加えました。運転業務研究発表大会に応募することにしたのです。その内容は、気動車の検査方法についての新たな発想でした。

通常、気動車が動かなかったり、思うように加速しなかったりした場合、エンジンを分解し、部品の一つひとつをテスターで検査するという面倒な工程が欠かせません。しかし私は、そうしたややこしいことをしなくても問題解決ができる仕組みを考えました。

いわば「紙でつくったコンピューター」のようなものです。

何らかの操作をした場合、正常なエンジンであれば点灯する表示灯のうち、どこかがついていなかったとしましょう。その場合、別の操作をしたときにその表示灯は点灯するか、しないか。さらに別の操作をしたときにその表示灯が点灯するか、しないか。おおむね三回から四回ほど「ＹＥＳ　or　ＮＯ」を繰り返せば、問題のある箇所を特定できるチャートを作ったのです。

幸運なことに、これが予選を勝ち抜き、本社発表まで進んで「総裁賞」を受賞することができました。聞くところによると、予選を勝ち抜いてこられたのは「直方に面白いヤツがいる」と私のことを見てくれていた、門司鉄道管理局本局列車課の浜野清司課長の後押しがあったからだそうです。

総裁賞の表彰には、わざわざ本社から門司港にある門司鉄道管理局まで本社の課長さんがやってきました。その人は、こんなことを言って功績を称えてくれました。

「このシステムを作った矢部は偉いが、それよりもこの直方気動車区という荒れた職場でこういうことを成し遂げたことがすごい」

私が総裁賞を取ったという話を聞きつけた機関車課長が、飼い殺しにしてやるという言葉など忘れてしまったかのような猫なで声ですり寄ってきました。

「矢部、機関車課に来んか?」

そういうわけにはいきません。

「お断りします。私は、列車課に行くとです」

この選択が、私のその後の人生を決めることになります。

ペシミストのように考え、オプティミストのように決断する

列車課を選択したのは、自分のことを認めてくれた浜野清司さんがいたというのが大きな要因です。ただ、「飼い殺しにしてやる」という一件がなければ、機関車課に行っていたかもしれません。そうなっていたら、今の私は存在しないでしょう。

そもそも、機関車課は乗務員の運用・配属や車両のメンテナンス・配属をさい配する仕事がメインで、私にとっては興味が湧かない仕事でした。一方の列車課は、列車ダイヤの作成や運行管理だけでなく、さまざまな安全システム作りを担当するセクションです。だいぶ前から安全についての仕事をしたいと考えていたので、いい機会でした。

それでも、季節はいまだ組合運動が盛んな時期です。列車課に異動してからは、労働組合との団体交渉ばかりしていました。組合からの要求に対して、どのように応えていくか。こういう話をしたら、相手はどう切り返してくるだろうか……。

私は元来気の強いほうではないですし、心配性な性格もあいまって、毎日そんなことばかり考えていました。気苦労が多い性格かとも思いますが、安全について本格的に携わる

前にこうした訓練を繰り返したことは、大きな力になりました。

要は、決断さえできれば、気が弱くても心配性でもリーダーになれるのです。

「ペシミスト（悲観論者）のように考え、オプティミスト（楽観論者）のように決断する」

経営者になってから、私は意識してこの姿勢を貫いています。その素地は、この時代に培われたものだと思っています。

ある日、鹿児島本線に新駅を造る仕事を担当することになりました。組合との団体交渉のための打ち合わせ会議でのこと、終盤になって怒声が飛んできました。

「おい、列車課！　この信号機の位置を修正せい！　こんままでは、団交で説明がつかん！」

そう叫んだのは、打ち合わせを仕切っていた営業部総務課の係長でした、彼は、局内でも恐れられているヤリ手です。全員が固唾《かたず》を呑んで私を見ているのがわかりました。

「いいえ。ここが最も適当な位置です。変える必要はなかです」

私には自信がありました。私の独断ではなく、列車課で討議に討議を重ねた結果の案だったからです。

「きさん（貴様）、生意気なことを言うな！　列車課長を連れてこい！」

その言葉に、腹をくくりました。

「私は列車課を代表して、課長の代理として出席しとります。その必要はなかです」

「なにぃ⁉」

にらみ合いです。しかし、事態の収拾を図った司会が「今日はこれで終わり」と言葉を発し、打ち合わせは閉会となりましたが、私は「まいったな」という気分でした。べつに争いごとが好きなわけでもないし、その人が嫌いだったわけでもありません。

列車課に戻ると、誰もいませんでした。一人で仕事をしていると、誰かが後ろに立つ気配が感じられました。振り向くと、打ち合わせでやり合った係長でした。

「矢部というたな。おまえ、一人で何をやっとっとか」

「係長に、なんで信号機があの場所がいいかわかってもらわんといかんと思うたもんで、資料を作っとります」

そのひと言で、係長は何も言わずに立ち去りました。

「矢部という男はたいしたヤツじゃ。いい国鉄マンになるぞ」

あとになって、係長が周囲にそう言っているという話を耳にしました。その一件以来、ちょっと変わり者だった私は、重要な案件を任されるようになっていきます。祖父や父の乱闘を見聞きしては震え上がっていた私にも、気骨というものが芽生えてきました。

安全への強い思いが芽生えた社員の死

一九七九年、東北・上越新幹線を開通させるため、東京の電気工事局に異動しろという命が下りました。新幹線の業務を担当したのち、国鉄本社に異動させるという含みもありました。この要請は、本局列車課から本社運転局保安課に移っていた浜野清司総括補佐の引きによるものだったことを、あとで知りました。

いつかは本社に行って仕事をしたいと思っていたので、私は二つ返事で了承しました。新幹線のシの字も知りませんでしたが、一年と少しの間で新幹線のさまざまなことを学んでいきました。後年、まさかＴＥＳＳＥＩで再び新幹線に向き合うことになろうとは、このときは知る由もありません。

翌一九八〇年、約束通り本社運転局保安課に移りました。担当は「安全システム」がメインでしたが、保安当直などもやりました。この時期に浜野さんから怒られ、鍛えられた経験は「安全・人・組織」に関する今の私の基礎になっています。

保安当直で深夜勤務をしていたある日のこと、午前二時ごろに差し迫った声で一報が入ってきました。

「保線係員が列車にはねられ、死亡」

ただちに状況を確認し、再度報告を入れるように指示し、関係各所に慌しく連絡をとる作業に追われました。その後の調査でわかった状況はこうです。数人の保線係員が、タイタンパーと呼ばれる機械で敷石の突き固め作業をしている最中、列車が通過するときの退避が遅れ、一人の係員がはねられたというのです。

死亡した係員は国鉄に入社したばかりの新卒社員で、母一人子一人の母子家庭で育ったまだ十八歳の若者だといいます。母親が苦労して育て、国鉄に入社できたことを喜んでいたというところまでわかりました。胸が張り裂けそうでした。

「どうしてこういう事態になったのか。ちゃんと安全対策をとっていたのか？」

その問いに、現場の責任者は「規定通りの対策を講じていた」と繰り返すばかりです。

「列車の見張りもしっかりとつけていました。列車が入る前にも、見張りからの笛の合図を全員が聞いております」

タイタンパーという機械は、非常に大きな音の出るものです。それが何十台も一斉に動いていれば、騒音はかなりのものです。おそらく、亡くなった係員は、笛の音が聞こえなかったのかもしれません。慣れた係員は退避するタイミングを心得ていますが、入ったばかりの彼だけが逃げ遅れてしまったのでしょう。

（これではいけない。今まで通りに仕事をしていると、また同じ事故が起こる）

こうした事故を断ち切るためには、仕事のやり方、仕組み、システム、環境を根本的に変えなければならないと痛切に感じました。このときの痛い思いが、今の私の考え方のベースになっています。

本社運転局保安課で私が主に担当したのは、新型の自動列車停止装置（ATS－P）と列車集中制御装置（CTC・PRC）でした。ただ、現実に発生するさまざまな事故に対する対策の策定も重要な仕事の一つです。

国鉄の分割民営化の直前の一九八六年十二月、山陰本線の余部《あまるべ》鉄橋から回送列車が突風にあおられて転落、真下にあった水産加工場と民家を直撃しました。この事故で、車掌一人と水産加工場で働いていた五人の女性が亡くなりました。国鉄は、強風対策として風速計を設置していましたが、事故の時点では故障していたのです。

私は調査と遺族への面会に赴く運転局長に随行し現地に足を運びました。

「女房を返せ、人殺し！」

マスコミに囲まれたなかで罵倒されました。ご遺族の心中を考えると、本当にやりきれない思いでした。しかもその後、風速計保守担当の係長が自殺しています。

（私の担当は安全システム作りだ。システムを作ることで、安全性は高まる。だがそれを作り、保守し、操作し、運用するのは人間だ。最後は人間なのだ）

この一件から、私は安全に対する決意のようなものを抱き、安全の仕事にのめり込むようになりました。

人間に厳しくしても事故は減らない

福岡県を走る筑肥線で、列車集中制御装置（CTC）システムを構築しているときのことです。私は指令員が近代的な監視カメラを見ながら運行管理をするシステムを検討していました。それを山之内秀一郎運転局計画課長に報告すると、言下に却下されました。

「まったく、若いヤツはすぐにそういう格好いいシステムをやりたがる。だがな、矢部よ。おまえが一日中モニターを見ておけと言われたらどう思う？ 一日だけじゃないぞ。

毎日毎日見るんだぞ。おまえは、人間にとって酷なシステムを作りたいと思うのか？」

なるほど、と、これには目から鱗《うろこ》が落ちました。

東大卒のキャリアで、のちにＪＲ東日本の会長にまで上り詰める山之内さんは、私に人間について考え尽くすことが大事だということを教えたかったのだと思います。

たしかに、人間にとって酷な仕事は、モチベーションが上がりません。

しかも、当時は自動制御の流れが急速に進んでいた時代です。山之内さんは、自動制御という言葉そのものを嫌っていました。人間を貶《おとし》めるシステムで、人間にはしっかり仕事をさせることが重要だという主張の持ち主でした。

たしかに、機械にばかりに頼って人間の存在が薄まっていくと、本当に重要なときに人間の能力が発揮されなくなってしまいます。どんなに自動制御をしても、それは一〇〇パーセント信頼できるものにはなりえません。必ず、人間の目でチェックしなければなりませんし、人間が操作すべき部分はあるはずです。

一九八七年四月には、国鉄分割民営化により発足したＪＲ東日本の安全対策部企画係長となり、安全システムの構築だけでなく安全全般の計画も担うことになりました。ここで安全の権威だった山之内秀一郎副社長（民営化で副社長就任）に、再び徹底的にしごかれることになります。

　ＪＲ東日本発足から半年間は、ＪＲ東日本のこれからの安全計画を作れと指示され、必死になって考えて山之内さんに報告すると、怒鳴られました。

「矢部！　おまえは給料泥棒だ！　三流の心理学者のようなことを言うな！」

　一〇〇パーセント却下です。詳細な中身は覚えていませんが、今回は人間に意識が向いてしまったばかりに「人間の行動とは」「人の心理とは」という抽象的なことばかりを書いたことへのダメ出しでした。理念ばかりが先行し、それを言えばみんながわかってくれると考えてしまい、何をするかという具体策がなかったのでした。

「俺とおまえの間であれば、話せばわかる。だがな、この計画は八万人の社員が読む。こんなもので理解できると思うか？　我々経営陣の思いが伝わると思うのか⁉　こんな文章しか書けないヤツは、直方に帰って気動車の検査でもしておけ‼」

　これは効きました。少しいい気になっていたのかもしれません。

　私は、文章の書き方から勉強し直そうと思いました。八重洲ブックセンターに足を運び、そこで清水幾太郎の『論文の書き方』（岩波新書）を見つけました。懸命に読み込み、計画を書くときの参考にしました。何を伝えたいのか、効果的な伝え方はどういう形か。リーダーが部下に自分の意思を伝える手段の一つとして、言葉の選び方や文章の作り方は重要です。

一連の流れのなかで、山之内さんが言いたかったのはこういうことです。

「人間に厳しくしておけば事故が減ると思うな。厳しさだけでなく、あたたかさ、公平さとのバランスが重要なのだ」

これは、安全に関することだけではありません。リーダーとして組織に向き合うとき、人に向き合うときにも大切な資質だということを学びました。

引っ掻き回すリーダーは最悪

安全計画を策定していくなかで、山之内さんから常に言われていたことがあります。

「現場の管理者は上ばかり向いて仕事をしているから、それを変えなければならないと言うやつらがいる。でも、人間が上を見るのは当たり前である。それを変えることはできない。できないことをなんかやっても仕方がない。みんなが上を見て仕事をしているのであれば、上がちゃんとものを言えばいい。トップダウンで『安全が最重要課題だ』と宣言すればいい」

上ばかり見て仕事をする人は「ヒラメ症候群」と揶揄されます。ヒラメは両目が上についているので、その姿からきている言葉です（なぜ、カレイではなくヒラメなのかわかりませんが……）。ヒラメ症候群は、ビジネスパーソンにとって直さなければならない資質としてとらえられています。現場の管理者は上の指示を待つのではなく、自分の考えを持って行動しなければならないというのは、会社の教育でも必ず出てきます。

しかし、山之内さんはそれを否定します。人間は、組織で働いている以上、必ず上を向いて仕事をするものです。組織の序列から自由にはなれないのです。だから、上を向いていることは絶対に是正できません。だとしたら、上の人がこうやろうじゃないかという正しい方向性を示すことさえできれば、それが徹底されていくはずなのです。ただ、上が言ったことを鵜呑《うの》みにして、それをただ下に伝言するだけではまったく意味がありません。

社長が「安全が最重要課題だ」と言ったとしたら、部長は「安全は最重要課題だ。じゃあ我々の部はこの点に気をつけよう」と言う。課長は部長の方針を受けて「安全は最重要課題だ。じゃあ我々の課はこの点についてやっていこう」と言う。

つまり、下に行くほどより具体的になっていくのです。リーダーはヒラメ症候群を否定するのではなく、自分の分野でより具体的にすることを怠る部下を叱るべきなのです。

そのときに大事なのは、リーダーが言葉だけ発するのではなく、本社ならば本社のやるべき役割をしっかりと果たすことです。たとえば投資です。予算を握っているのは本社であり、リーダーです。お金も出さずに口を出すのは、本末転倒です。

しかし、本社と支社が同じようなことをやっているケースは多いものです。そして、本社が支社のやるべきことに口を挟んで、支社を混乱させ、足を引っ張っているケースも多いのではないでしょうか。本社とリーダーは、自らのやるべきことをもっとよく考えなければならないのです。

この考え方は、TESSEIに移ってからも変わりません。

大きな柱である「さわやか、あんしん、あったか」という方針を打ち出し、あとはごちゃごちゃ言わずに現場に任せるという考えを貫いています。そのための投資、人事は本社の仕事です。適切な配分をするよう見極めるのが、リーダーの役割なのです。

意見の潰し合いはなぜ起きるか

安全重点投資計画を作れという指示がありました。安全に関わる部署は多岐にわたっています。私は保線、電気、車両など複数の部門の担当者を集め、一週間にわたって五年間のそれぞれの部門の投資計画を出してもらいました。それをもとに、徹底的に議論を重ねていきます。

議論するうち、それぞれの部門の必死さが伝わってきます。予算をつけてもらいたいという期待も伝わってきます。それで感情移入したところもあったのかもしれません。各部門の提出した予算を合計し、出来上がったのは五年間で五〇〇〇億という計画でした。

「それぞれの項目はこれでいい。ただ矢部よ、おまえはうちの経営のことを考えたうえでこの計画を作ったのか？」

「……」

考えていませんでした。それも、まったく。

「投資計画部に相談して出直してこい！」

私はさっそく、投資計画部の課長代理に説明しました。その課長代理は、軍曹と呼ばれ恐れられる人物で、私と同じく変わり者と言われていたためか、ウマがあいました。

「矢部ちゃん、これじゃあダメだ」

「それじゃあ、いくらなら出せるんだ？」

課長代理は指を二本立てました。

「たった二〇〇億？」

「バカ、二〇〇〇億だ！　これなら出せる」

私たち二人とも、みなに好かれるタイプではないかもしれません。でも、嫌われ者が世の中を変えるのだという気概のようなものもあります。私は急いで担当者を集めました。

「みなさんの意見を聞いておきながら申し訳ない。投資計画部は二〇〇〇億ならいいと言っています。私がその内容を精査してまとめるので、私の判断に任せてほしい」

「わかった、一任する」

その後は、やり方を変えました。まず、大まかな案を作ります。それができたら、担当者で集まるのではなく、山之内さんを含めた部長クラスの会議を開きます。

「山之内副社長、これでいきます」

それが通ったあとに、それぞれの担当者との打ち合わせに入っていきます。はじめに担当者が出てきても、決裁権限も責任能力もありません。四の五の文句をつけた挙げ句、すべてパーになることがほとんどです。国鉄時代にも同じ経験をしました。国鉄総裁が出席する運転事故防止対策委員会の下に、小委員会なる会議を開くのが通例になっていたのです。小委員会は、運転事故防止対策委員会に行くまでの資料の叩き合いの場になっていました。

「こんなこと出してもダメだ」

「どうせ通らない」

重箱の隅をつつくことに神経を注ぎ、ろくな議論になりません。結局、プランは骨抜きになってしまい、やりたいことは何一つできませんでした。

みんなの話を聞くだけなら誰にでもできます。リーダーたる者、話を聞くのは重要ですが、自分の考えと経営のことを考えながら、自らの方針を打ち出さなければならないのだと学びました。トップダウンという考え方は、このとき生きるものです。

リーダーが部下を守ると、組織は強くなる

二〇〇一年六月からは、東京支社指令部長の役職に就きました。そのとき、東京―大宮間で新幹線が五時間にわたって止まってしまう事態が起こりました。原因は、田端の変電所の具合がおかしくなったことです。

東京支社指令部長の管轄は在来線だけなので、新幹線は入っていません。新幹線の運行を専門に指令する新幹線運行本部という部署が担っています。それでも、指令部長という役職ということで本社に呼ばれたわけです。

ある意味では部外者なので、会議の経過を一時間ほど黙って聞いていました。停電の原因・対策を抜きにして会議は見る間に、新幹線運行本部に属する指令員の判断ミスを追及する流れに傾いていきます。しかし、指令員の判断ミスに起因するのは一時間と少しの間。私は、その前に三時間半もの長時間にわたって原因究明や復旧もままならずお客さまを新幹線の中に閉じ込めていたことのほうが問題だと感じました。

新幹線が止まった場合、対向する新幹線を動かし、横につけて渡り板を渡して乗り換え

ていただき、すみやかに最寄りの駅に移っていただくのが普通です。このトラブルのケースでは、その作業を怠っていたのでした。

そうしたミスはあったのですが、直接の原因である変電所の故障に関する議論は行われていません。変電所のトラブルが原因であることはお客さまもご存知なのですから、それを徹底的に調査して二度と起こらないような対策をとらないと、お客さまに納得していただけません。

ためらいました。ここででしゃばってはいけないとも思いました。でも、問題の本質からズレた議論をしていても、本当の事故対策にはなりません。私の胸には、昔、命を落とした社員やお客さまが存在します。黙っているわけにはいきません。

「おかしいじゃないですか！　たしかに指令部の判断ミスで一時間強の時間をロスしたのは問題ですが、その前にお客さまを四時間近くも閉じ込めておいたことをまず議論すべきではないんですか？」

目の前には常務や取締役もいましたが、机を叩いて文句をつけました。指令部は運行のすべての責任を負う部署なので、ほかの部としては指令部に責任転嫁してしまえばいいという雰囲気があったことも、私を叫ばせた理由の一つです。

それ以後、新幹線の運行指令に関する話題にはなりませんでした。

もちろん、半分は自分を守る意味合いもあったと思います。自分がこういう立場に追い込まれたときの保険のために、それを牽制する狙いもなかったわけではありません。しかし、私が異を唱える決断をした最大の理由は、部下を守ることです。私が就いている職全体を守ることです。

私の後ろにはそのとき、輸送指令員だけで二八〇人、設備関係の担当者を含めれば四〇〇人以上の部下がいました。彼らをどうでもいい存在ととらえていれば、またバカな議論をしているなということで黙っていることもできました。しかし、私はそうは思いませんし、そういう議論は、必ず部下に届いていくものだという実感があります。

組織における縦割り運営は害か

組織論を語るとき、縦割りの弊害が指摘され、横のつながりができていないことを問題視する傾向があります。最近は、セクションを超えたアライアンスこそが組織を成長させる原動力だという論調も見受けられます。

しかし、はたしてそれは正しいのでしょうか。私も、それが間違っていると思っているわけではありません。ただ、そういうことを言っている人のチームがしっかりしているか、つまり組織として縦のつながりがしっかりとしているかといえば、必ずしもそうではないケースが多いように思えます。

私の専門は安全です。安全は、あらゆるセクションに関係する仕事です。あらゆるセクションとの協力なしには、安全は達成しえません。

指令部長という立場も同様、指令は文字通りあまねくいろいろな立場に指令を出し関係するので、横との連携を鬱陶《うっとう》しがることなどできませんし、鬱陶しいと思ったこともありません。

ただしリーダーというのは、まずはとにかく自分の持ち場を、誰にも文句を言わせないくらいに統率しなければならないのではないでしょうか。

自分たちの技術やサービスを確固たるものにしないと、「横展開」と言ったところで信頼されません。自分の立場や役割を認識するという基本的姿勢が抜けてしまっていては、うまくいくものもいかないでしょう。

ＴＥＳＳＥＩには、時おり外部の方が見学に来られます。ＴＥＳＳＥＩは掃除というオペレーションの世界なので、組織形態は完全なピラミッド構成になっています。それを見た方から、しばしばこんな話を聞きます。

「矢部さん、こんなのは流行りじゃないですよ。もっとフラットな組織にして、みんなが連携をとったほうがうまくいきますよ」

私は、その考えには反対です。フラットな組織にすると、核になるリーダーがいなくなるからです。トップにあるリーダーの下にもまとめ役を担う者を据え、メンバーたちに自分たちの仕事の軸、役割をしっかりと持ってもらい、そのうえで自由に動いてもらうには、リーダーを頂に置いたピラミッド型の組織である必要があります。

しかしここで、軍隊のような無味乾燥の激烈な上下関係を思い浮かべられてしまうと、それはＴＥＳＳＥＩという組織の実像とは大きく異なってしまいます。

人間の作った組織は、複雑でガラス細工のようなもろさがあります。ちょっとした亀裂が生じただけで、簡単に壊れてしまいます。

そのことを十分に踏まえたうえでピラミッド型組織を運営するためには、いくつかの重要なポイントがあります。

第二章以降では、それらのポイントについて述べていきます。

ともかくこの章では、リーダーになる者の素質がカリスマ性や、生まれながらの豪胆さでないことは、おわかりいただけたかと思います。

第二章

リーダーは、誰よりも気を長く持て

いきなり指示を出すな

一九九六年六月、東京支社輸送課長の辞令が下りました。ここは首都圏の列車の運行計画と、運行管理を一手に担う部署です。当時、ATOS（オートノーマス・ディセントラライズド・トランスポート・オペレーション・コントロール・システム）という運行管理装置の導入を予定していましたが、数年間稼働できていませんでした。私の使命は、このシステムを動かすことでした。赴任してみると、システムはほとんど出来上がっていました。問題は、システムを稼働させることを指令員たちが怖がっていたことです。

一つには、指令員のATOSに対する不信感があります。自分たちがいるのに、わけのわからないシステムで首都圏全体の運行管理などできるはずがない。彼らの仕事に対する自負です。もう一つは、このシステムを稼働させる場所が、中央線だったことです。

私個人的にも、最も運行管理の難しい中央線で新しいシステムを稼働させるのは無謀だと思っていました。しかし、この決断を下したのは山之内さんです。「七割の出来でいいと思っていると、七割のことしかできない。世界一のものを作ると決意しなければ、世界一のものはできない」。山之内さんの胆力を見る思いでした。

赴任後、メンバーを一堂に集めました。彼らの顔にはこう書いてあります。

「本社から落下傘で舞い降りてきた課長に、何ができるか」

このときの私はもう、怯《ひる》まずに口を開きました。できる限り落ち着いた、気負いのない声で語りかけます。

「何が問題なのか教えてくれ」

一人の課員がすぐに答えました。

「このシステムは使い物になりません。何かあってダイヤが滅茶苦茶になったら、私たちの責任が問われます。改善してほしい点を本社に伝えてありますが、その回答はいまだにありません」

「どのくらいの改善項目があるんだ？」

「二五〇件ほどです」

「わかった。それを私に見せてくれ。見たうえで、みんなに話をしたい」

不信感でいっぱいだった課員たちの表情に、このときほとんど変化はありませんでした。

本当のことをそのまま言うのが正しいとは限らない

私はかつて運行管理システムの構築に携わっていたので、彼らが要求する改善点の内容や意味はだいたいわかりました。結果、二五〇件のなかで、本当に改善しなければならないのは五件程度でした。そのほかは、指令員の仕事をほんの少し変えれば解決できる問題です。

しかし、私がここで次のように言ったらどうなってしまうでしょうか。

「なんだ、たった五件じゃないか！　何をビビっているんだ。二〇〇件以上の項目は問題ないのだから、さっさとやりなさい」

間違いなく、彼らは一斉に反発するでしょう。本社の回し者と見られ、システムは動かなかったかもしれません。そこで、本社の北原運輸車両部担当部長と、システムの設計・製作の課長たちにも来てもらい、会議を開くことにしました。そこには、指令部の主だったメンバーも同席させました。

そして全員が揃ったところで、私は北原さんに向かって思い切り怒鳴り声を上げました。

「あなたたちは何を考えているんですか！　このままでは、このシステムは絶対に使えませんよ！　すぐに改善してください！」

机を叩きながら、大声を出したのです。北原さんをはじめ、相手方の課長たちは顔面蒼白でした。恐れというより、怒りだったと思います。同席している指令部のメンバーの、息を飲む音が聞こえてきそうでした。

さらに私は続けます。こんどは、少しトーンを落とした声です。

「ただ、すべてとは言いません。二五〇件出しているうちの、五件だけです。あとの課題については、私たちで解決します」

それから一ヵ月もしないうちに、武蔵野線が集中豪雨でストップしてしまいました。武蔵野線には、ＰＲＣという古いタイプの運行管理装置が設置されています。ＰＲＣが問題だったわけではなく、指令員の判断ミスで輸送混乱が拡大してしまったのです。

お客さまからは、大変なご批判を受けました。私も運行管理の責任者として、支社長や本社から叱責を受けました。しかし、不謹慎だとは思いつつも、マネジメントをする私としては内心「しめた！」と思っていました。混乱が一段落したあと、指令室に大きな張り紙を掲示させました。そして、みんなを集めてこう言い放ったのです。

「みんな、わかったか。ＰＲＣもＡＴＯＳも同じコンピューターだ。それは手段でしかない。運行管理は、あなたたちの知識と判断と決断が命なんだ」

赴任後六ヵ月経った十二月、ＡＴＯＳは中央線で稼働を開始しました。

稼働開始のための切り替え工事の夜、そこには立会いのため北原部長が指令室に顔を見せていました。私は、北原さんに頭を下げました。

「北原さん、あのときは無茶を言ったうえに、失礼なことまで言って申し訳ありませんでした」

北原さんは、穏やかな表情で返してくれました。

「気にしていませんよ。あのとき、矢部さんは私ではなく、後ろにいた指令員に向かって言っているとわかりましたから」

北原部長とのやり取りは、こうして見るとパフォーマンスと取られかねません。でも、疑心暗鬼だった指令員たちに私という人間を知ってもらい、仕事のやり方、熱意をわかってもらうことが最優先課題だったので、これでいいのです。

不信感を信頼に変えるのは、何もしないでは無理です。

「この人は、本社に対してこんなことまで言ってくれるんだ」

リーダーは、慌てて成果を出そうとしてはいけません。まずは周囲の信頼を集めるところから始めなければ、かえって遠回りになってしまうのです。

見栄を張らない

一九九八年二月には、立川駅長への辞令が下りました。青天の霹靂《へきれき》です。駅で働いた経験もありませんし、もちろん駅長になることを希望していたわけでもありません。正直に言えば、驚き以外の感想はありません。当時の東京支社の営業部長が、矢部を立川駅長に持っていきたいと東京支社長に提案したといいます。あとから聞いたところでは、東京支社長は断ったそうです。そのときは輸送課長で、ＡＴＯＳが稼働したばかりだったからです。

しかし、営業部長は熱心で、半ば無理やりに引っ張ってきたようです。そのときは理由がわかりませんでしたが、ともあれ私は行けと言われれば行くだけです。私自身、駅長の制服に対する憧れのようなものはありました。駅で働いている助役は制帽に一本筋。対する駅長は二本筋です。これを着用してみたいという思いは少なからずありました。

しかも、立川駅といえば大きな駅です。ひと口に駅長といっても、いろいろな駅があります。JR東日本で最もステイタスが高いのは、やはり東京駅でしょう。東京駅の駅長は、JR東日本の取締役を務めるほどです。東京駅に次いで横浜駅、続いて新宿駅と大宮駅。山手線なら上野駅、有楽町駅、新橋駅、品川駅、渋谷駅、池袋駅など。中央線なら、八王子駅と立川駅が大きな駅です。

大きな駅はステイタスも高くやりがいもありますが、起きる問題も大きいですし、問題に対する対応への責任も大きくなります。そのような駅の駅長に任命されて、身の引き締まる思いでした。ちょうどそのころは、人身事故、車両故障、信号機故障などで中央線のダイヤは頻繁に乱れていて、社会からの糾弾《きゅうだん》を浴びているさなかでもありました。

立川駅で最も注意すべきは、立川競輪です。

競輪が開催された日の帰りに中央線が止まったら、大騒ぎになるからです。ギャンブルはすべてそうだと思いますが、九割以上は負けて帰ってくる人たちです。イライラしているなかで電車が止まったら……それは通常よりも厳しい批判につながります。

今は駅ビルができて新しくなりましたが、今も二〇メートル巾《はば》のコンコースがあります。その隅っこで、競輪客の酒盛りが始まります。

（お客さん、そこでお酒を飲まれるのは、ちょっと……）

それでも、直接口にすることはできません。お客さまの気分を害さずにどうやってやめてもらうか。ここが駅員の腕の見せどころです。

自由人の多い駅でもありました。浮浪者の人たちです。駅構内にも入ってきます。彼らが「生活」したあとの掃除は大変になるので出入り禁止を通告したら、嫌がらせで駅を汚されてしまったこともありました。やはり、細心の注意が必要です。

夜、列車が遅れたときに、刺身包丁を助役に突きつけて「タクシー代を出せ」と脅す人も現れました。助役は恐怖のあまり、タクシーに乗せてしまったそうです。頻繁というわけではありませんが、こういうお客さまもいます。

そんな立川駅に赴任してからの最初の挨拶は、忘れもしない二月十五日でした。

挨拶するにあたって、何を言おうかかなり一生懸命に考えた覚えがあります。駅長という現場のトップを務めるのははじめてでしたし、「格好いいことを言えば駅員の心をつかめる」という気持ちもありました。

しかし、安全についてならば専門家として語れますが、駅は安全だけではありません。考えに考えても、いい案は浮かんできません。いくら考えても、絶対に足元を見透かされるようなことしか思いつかないのです。

結局、もうダメだと諦めました。駅のことがわからないのであれば、思い切って正直にそう言えばいいじゃないか。そう思うに至りました。当日、会議室に二十数人の駅社員が集まりました。私の第一声は、格好いいリーダーの挨拶とはかけ離れていました。

「私は、営業のことも、この立川駅のことも何も知らない。だから、何でもいいからみなさんにいろいろ教えてもらいたい。そのうえで、四月になったら駅長として指示をする!」

知らないことは、知るまで語るな

全員、「え?」という顔をしていました。

漫画ならば「ポカン」という文字で表現されるような、まさにそんな表情でした。こんどの駅長、何なんだ……そんな印象だったと思います。

宣言通り、二月十五日から四月一日までの間、私は駅員をつかまえては質問を繰り返しました。いろいろ教えてもらいたいとは言ったものの、駅員のほうから駅長をつかまえて何かを教えるという行為は、よほど図々しい人間でなければなかなか難しいからです。

またこのとき、ＪＲでは小集団活動というものに取り組んでいました。ＪＲ東日本だけでなくどのＪＲでもやっているもので、立川駅でもやっていました。小集団活動は、五人から六人が一つのグループになって、自らテーマを決め、それについて調査をして発表する取り組みです。お客さまの不正乗車をなくすにはどうすればいいか、お客さまサービスの向上はどうすればいいか、駅の売り上げを増やすにはどうすればいいか。駅が抱える問題や課題を中心に、テーマは自由に設定できます。

私は前年の小集団活動の記録を見せてもらいました。もちろん、それだけでは結果としてきれいにまとまった、表面上のことしかわかりません。グループでテーマを決めるときには、さまざまなテーマのなかから絞り込むという過程があります。記録には、絞り込む前のテーマがすべて書かれています。それを見れば、困っていること、問題、課題などが手に取るようにわかるというわけです。

立川駅には、小集団活動のグループが一〇チームほどありました。グループごとに採用されなかったテーマが二〇から三〇あったとすると、それだけで二〇〇から三〇〇の問題や課題が浮き彫りになります。私は、それらにくまなく目を通し、立川駅の現状を把握していきました。

そして四月、再び全員を集めて話をしました。

「いろいろと見せてもらった。みんな一生懸命頑張っている。素晴らしいと思う。だがみんなだけ頑張ってもだめなんだ。支社、本社、車両・施設部門なども含めたチームワークが不可欠だ。最も現場を知り尽くしていて、お客さまと常に相対しているみんなが大きく声を出して、自分たちだけではなく彼らを動かしていこう」

浮き彫りになった課題を、駅長である私が「こうする」という方針は掲げません。駅員に「こうしなさい」という指示を与えるわけでもありません。

課題には、駅の力だけでは解決できない問題が多々含まれています。「オールJR東日本」で取り組んでいくために、声を出していこうという意識づけをすることが目的です。

ただ、五項目の指示だけは出しました。そして、こう付け加えました。

「ただし、この五つの指示について疑問のある人は伝えてほしい。一ヵ月待つ。一ヵ月経って疑問がなければ、そのときは私の考えについてきてほしい」

その五項目すべてを覚えているわけではありませんが、今でも覚えているのは「京王線に勝とう」という目標（夢）を入れたこと。当時の中央線は頻繁に止まっていて、お客さま満足度の調査では、新宿以西の動脈は中央線より京王線が主体になっていたのです。

京王線に勝とうという夢は、もちろん立川駅だけでは実現不可能です。むしろ、その夢を実現するためにどういう行動を起こしていくかということに期待したのです。

回り道では絆も深まる

結局、立川駅では複数のプロジェクトが現場から生まれては実現し、非常に密度の濃い時間を過ごすことができました。その詳細は第三章で述べますが、ここでもう一つ、時間をかけて取り組むことによる嬉しい副産物を記しておきます。

それは、部下や周囲との絆です。

助役・主任そして若手社員たちとソフトボール大会を開催したときのこと。私はピッチャーでした。試合が進んだところで、右足首で変な音がし、座り込みました。「駅長、歳食ってるんだから無理すんなよー！」散々なヤジを浴びました。アキレス腱断裂でした。異常に気づいてみんなが駆け寄ってきてくれ、応急処置をしてくれました。処置は完璧でした。「みんなうまいもんだなー」と感心すると、「駅長、何言ってんですか！　俺たちいつもお客さまの救護をしてるんですよ！」。なるほど。

救急車が近づいてきたとき、私は愛煙家なのですが、タバコもしばらく吸えないだろうと思い、部下にタバコをもらって吸っていました。救急車の隊員が到着、顔見知りの隊員です。

「駅長、タバコなんか吸ってて大丈夫なんですか！　どこの病院に行きますか？」

「いつものところ」

お客さまがけがをされたときなど、いつもお願いしている立川中央病院。

入院中はきわめて暇だったので、企画助役に団体旅行のポスターとパソコンを持ってきてもらいました。入院中の一ヵ月、ポスターをベッドの横の壁に貼り、看護師さんたちをせっせと勧誘。パソコンでは資料や手紙を作って社員に発信しました。「駅長は、入院しても俺たちのことを忘れていない」。社員たちはそう言って喜んでくれていたそうです。

実はアキレス腱を断裂して入院する前に、あとで紹介する駅のさまざまなプロジェクトを立ち上げていました。「安全」「お客さまご案内」「駅美化」「増収」「現金事故防止」……、それらの発表会の日取りが、近づいてきていたのです。

私が入院中だったので延期にしようという提案もありましたが、私は予定通りやると言いました。せっかくみなで描き、具現化してきた夢の数々です。病院に無理やり頼み、松葉杖をつきながら出席すると、みんなすごく喜んでくれました。

「リーダーがアキレス腱切って入院するなんて……」とおっしゃる方もいるかもしれませんが、私はこの入院期間にも、直接顔を合わせていたときと同じように社員との絆を深められたように感じています。いろいろな経験を共にするのは、いいことです。

つくったものが壊れたら、またつくり直す

二〇〇〇年、立川駅長から横浜支社運輸部長に転じました。ここでは、まだ計画段階だった湘南新宿ラインの構想を本社とともに進めていました。湘南新宿ラインの構想は、東

京支社輸送課長時代から温めていたものでした。

新しい列車を走らせるのは、長期的な大仕事です。

輸送課長時代、新しい列車をつくるためにお客さまにアンケート調査をしたことがありました。そして、その結果をもとに新しい列車をつくり、運行してみると、ご利用客はなんと皆無に近かったということがありました。

「そうか、それはそうだろう」と私は思いました。お客さまは、それぞれの理想の列車、希望のダイヤなどを頭に描き、その内容をアンケートに書いてくれますが、現実には仕事やその他時間の制約等で、ご利用にはなれないのです。

そこで、もうお客さまアンケートを取るのはやめて、「こうしたら喜ばれる、役に立つ」を自分たちで考えようとみんなに伝えました。それが結実したのが、湘南新宿ラインだったのですが、私はこの構想を温めているまっただなかで、新たに異動を命じられることになります。

二〇〇一年六月、四年ぶりに指令室に舞い戻りました。指令部長という立場です。

指令部長は、私が立川駅長に異動したあとにできた新しい役職でした。初代の指令部長が東京駅長になったため、代わりの人材を探していたとのこと。舞い戻ったとき、指令部の部下のみんなが「帰ってきてくれたんですね」と喜んでくれたのは、嬉しく感じました。

指令部長は、一日あたり一四〇〇万人を輸送する首都圏の列車の運行管理を任され、そのすべての責任を担う役職です。先ほど簡単に触れましたが、輸送関係の指令員は二八〇人程度、保線や電気などの技術者も含めると、四〇〇人以上の大所帯です。指令室はおおむね東京体育館と同じくらいの広さがあり、ほぼ一つの会社といってもいい規模です。

さて、復帰を喜んでくれたことは嬉しかったものの、輸送課長時代にあった闊達《かったつ》さや、馴れ合いとは異なる和気あいあいとした雰囲気は消えていました。

（またやり直しか……）

ため息が出ました。しかし、ここで諦めては始まりません。組織とはこういうもの、いっとき生まれ変わったように見えてもすぐにもとに戻ってしまうものです。

私が最初に取り組んだのは、指令員の待遇改善でした。

かつて、首都圏は東京支社が一本で管轄していました。しかし所帯が大きくなりすぎたため、まず八王子が分かれ、次いで横浜、大宮が分かれて、現在は四つの支社で成り立っています。東京支社は主に山手線を管理し、横浜支社は主に東海道線を管理します。八王子支社は主に中央線を管理し、大宮支社は主に東北線と高崎線を管理します。

各方面の指令員は、分割によって各支社に所属する形となっていました。たとえば東海道線の指令員は、横浜支社に所属するということです。私は指令部長として、四つの支社の指令員のすべてを統括している立場でした。

指令員は支社に所属しているため、管理職試験も支社ごとに受験させていました。ところが、ある支社はそれなりに通してくれても、ある支社はなかなか通してくれないという事態が起きていたのです。指令部長の目から見て、合格して当然なのになかなか通らない。私からすれば、なぜ落とすのかと文句を言いたくなるほどでした。

そこで私は、指令室の所属をすべて東京支社にしてほしいと本社に申し入れました。そして管理者として育成したのちは、必ず支社に戻すという条件です。

「あそこの支社ならどんどん上がっていくのに、ここの支社ではぜんぜん上がれない」

同じレベルで管理職試験をやってあげないと、指令部内で不平不満が溜まっていきます。一生懸命頑張っても正当に評価されなければ、やる気を失ってしまいます。同じレベルで競い合う土壌を整えることは、待遇改善の最たるものです。これによって、一人ひとりのモチベーションは劇的に上がります。

しかし、この変更は批判を浴びました。「矢部は総合して首都圏の実権を握りたいと思っている」「矢部本人のことだけ考え、支社のことをまったく考えていない」と。個人攻撃をされ、意地悪をされました。でも私は怯みません。やるべきと思ったことは、どんなに批判されても貫くのがリーダーの資質だと、このころには強く思っていたからです。

やはり、リーダーには胆力が必要。どんなことがあっても、命を取られることはありません。閑職に追いやられることはあっても、クビになることはありません。

リーダーとして任されているということは、会社内である一定のレベルまで来ているということです。若いうちであれば潰されていたかもしれませんが、潰されない立場まで来ているので、主張すれば本社も聞く耳を持ってくれるはずです。

リーダーは未来に種をまけ

そのほかにも、指令員の全面的な再教育も必要不可欠な課題でした。しかし、輸送関係の指令員だけでその数約二八〇人。これだけ大勢の指令員全員をどう教育するのか……。

私には、不可能なことと思えました。そこで、指令長の養成を最優先することにしたのです。

一〇人いて全員をモチベーションの高い社員にするのは不可能ですが、そのうちの一名を徹底的に教育しリーダーに育てれば、他の指令員は必ずついてくると考えました。

ただ、普通の教育では効果がありません。そこで、ある航空事故で考案されたCRM（クルー・リソース・マネジメント）という手法を思い出しました。これはテネリフェ事故という大型ジャンボ機二機が空中衝突した事故をきっかけに発達した手法で、コミュニケーションやチームワークなどのノン・テクニカルスキルをもってエラーを防止することを目指したものです。

テネリフェ事故は、原因として無線機の精度等が挙げられましたが、機長の権限が大きすぎたこともその一因とされていました。機関士などコックピットのクルーが、離陸する危険性を示唆したにもかかわらず、機長が「大丈夫だ」と言って離陸してしまったのです。これは鉄道をつかさどる私たちにとっても、他人事とは言い切れない問題です。

そこで、産業能率大学とJR東日本安全研究所とで連携し、JR型CRMを考案し教育の柱としていきました。

このとき気づいたのは、指令長を育てるといってもただ漫然と教育すればよいというものではない、ということでした。リーダーになるには、やはりある程度の素質が必要だと感じられたのです。上司は自分の言うことに素直に従ってくれる社員を優秀と見なしがちであり、そういう人たちは組織にとってもちろん不可欠ですが、それは「一〇人のうちの九人」であって、「一〇人のうちの一人」には不向きなのです。

リーダーを育てるには、ただでさえ時間がかかります。

だから私は、少し反抗的でも自分の主張を持っている社員を選んで推薦していきました。たとえば、指令員のY君。上司の指示に対し、何かにつけ「それはこうすべきではないか」と言っているような青年でした。私は彼を面白いヤツだと思っていました。自分の昔と重ね合わせていたのかもしれません。

そこで、こんどの助役試験にY君を推薦するようにと指令室長に指示すると、「部長、だめですよ」とにべもありません。指令室長は、言いなりにならないY君を嫌っていました。

「いいから推薦するんだ」と私が粘り、Y君はみごと助役試験に合格しました。TESSEI入社後、主任を連れて指令室見学に行くと、向こうからY君が走ってきました。

「おう、元気か。今、仕事何やってんだ」

「はい、指令長をやっています。部長から教えてもらったこと、ちゃんと覚えていますからね！」

私は、あの若い芽が立派な若葉に育ったのを見て、胸が熱くなりました。

憂鬱だったTESSEIへの異動

駆け足で振り返ってきた私の鉄道マン人生も四十年目を迎えた二〇〇五年七月、私は、JR東日本東京支社指令部長を最後に退職しました。

その年の三月、どの子会社に行きたいと考えているか希望を聞かれました。以前から思い浮かべていた二社の名を挙げると、JR東日本の再就職担当課長はわかりましたと答えて引き取っていきました。てっきり、希望が叶うと楽観視していましたが、大間違いでした。

「TESSEIに行ってください」

これまた、青天の霹靂でした。

当時、鉄道整備株式会社（当時の通称はテッセイ、混乱を避けるためにこれまで通りTES

SEIと表記します）は、仕事内容が地味なうえにきつく、しかも、あまり評判のよくない会社でした。お客さまからのクレームが多く、働いているスタッフにも覇気がなかったからです。当時一〇〇社ほどあったJR東日本の子会社のうち、TESSEIのランクは最下位グループに位置していました。

「また苦労しなくちゃいけないのか……」

ふと漏らした感想でした。

思えば、私の仕事人生はこんなことの連続でした。東京支社の輸送課に赴任したときは、ATOSがなかなか稼働しないから動かしてこいと言われました。次に、さまざまな問題を抱える立川駅を立て直せと命じられました。続いて、横浜支社の組合問題をクリアにしてこいと言われ、ダメ押しで士気が下がっている指令部を活性化しろとの命を受けました。

そして、こんどはTESSEIです。その都度与えられたミッションをクリアしてきたつもりですが、まさか退職してまで……という思いが、正直ありました。

少なからず問題のあるところに行けと言われるということは、やはりこんども立て直しをしなければならないのだろうと悟りました。

ＴＥＳＳＥＩという会社の最初の印象は、包み隠さず言えば「貧しく幼いころに見た母の姿」でした。黙って、もくもくと、笑みも浮かべず働くおじちゃんとおばちゃんの姿は、私にとって気分が明るくなるものではありませんでした。

思えば高校卒業以来、三十九年にわたって懸命に頑張ってきて、ある程度の地位に就くことができました。それなのに、またみじめな思いをするのではないか、という思いが浮かんだことは事実です。またあの世界、苦労に次ぐ苦労の世界に入っていくのかと思うと、憂鬱にならなかったと言えば嘘になります。

でも、どうせ行くことが決まっているのであれば、楽しく働かなければ損だという思いも一方ではありました。それに、これまでのＪＲ人生で、私なりに多くのことを教えられ、学んできたという気持ちもたしかにありました。

「会社人生の集大成だ」

ＴＥＳＳＥＩに再就職を決めたのは、そうした思いと割り切りがあったのです。

最初の挨拶で言ってはいけないこと

二〇〇五年七月一日に赴任したとき、ここでもみんなの前で挨拶をしました。そのときに、これだけは口を裂けても言わないと誓ったことがありました。

「私は、この会社を変えるために来ました」

これを言ったらおしまいです。国鉄、JR東日本時代に立て直した部署と同様に、不信感と警戒心を煽《あお》るだけです。

それまでの彼らの仕事と存在価値を否定するようなことは言ってはいけない。あくまでも「新参者です。どうかご指導をよろしくお願いします」というスタンスでいなければならないと考えました。その日から一年半、私のチャレンジが始まります。

翌日から、一ヵ月にわたる実習が待っていました。TESSEIでは、親会社からの出向でも、役員として来た人でも、必ず一ヵ月の研修を受けるのが決まりです。東京駅が十日間程度、田端サービスセンターが一週間、上野駅が一週間など、すべての現場を一ヵ月かけてひと通り回るのです。

その初日、スタッフの詰所に連れて行かれて「こんど来た新しい経営企画部長の矢部さんです」と紹介されます。案の定、雰囲気は決して好意的なものではありませんでした。

「フン」

「何よ、エラそうに」

口に出してそう言われることはありませんでしたが、明らかに敵意があります。あるいは「冷めた目」と言ったらいいでしょうか。その日一日指導してくれるスタッフに「今日一日、ご指導よろしくお願いします」と言っても反応は微妙です。挨拶をすれば挨拶を返してくれますが、どこかよそよそしい感じです。

「どうせすぐいなくなるんだから、真剣にやらないんでしょ」

そんな空気が伝わってきます。どうやら、上層部に対して根強い不信感を持っているようでした。それまでＴＥＳＳＥＩに入ってきた上層部の人たちは、真剣に研修をやらなかったようです。それどころか、スタッフに対して「ちゃんとやらんか」と威張り散らす人さえいたといいます。私もその一味だと見られ、スタッフたちは強い反感を持っていたのです。仲間として受け入れられるには、かなりハードルが高いことを思い知らされました。

一緒に汗を流すことでしか得られないものがある

とにかく、入りたての私は懸命に掃除をやるしかありません。

意図的にやったというより、目の前の掃除を時間内に終わらせるためには、懸命にやるしかなかったというのが実情です。計算が入る余地などありません。

入社したのが七月だったので、その暑さは尋常ではありませんでした。しかも、慣れないためにバタバタ動くので無駄な動きが多く、余計な体力を使ってしまう。飲み物を口にする余裕もなく、脱水症状になりそうになったこともありました。

ある日、いつもの習慣で、半そでのユニフォームの下にランニングシャツを着て仕事をしていました。ランニングは汗を吸い、ユニフォームに跡がくっきり浮かんでいます。

すると、スタッフの女性が勢いよく声をかけてきました。

「矢部さん！　ランニングはダメ。汗をかいたことがわかって、お客さまに不快な思いをさせてしまうから。下着も半そでを着てください！」

細かいところまで気を使って仕事をしている――。

ふと見方が変わりました。そうした目でスタッフたちの仕事ぶりを改めて見てみると、彼らの能力が高く、真面目で、仕事に対して非常に真剣に取り組んでいることはすぐにわかりました。

しかし、一方ではそれが現場の活気につながっていないことも事実です。その点で見れば、これまでの上層部がスタッフを評価していないこともあながち間違いというわけではありません。実に惜しいことです。これをどうやって変えていくか。そんなことを考えながら掃除の実習に没頭していると、スタッフたちからさまざまな声が寄せられてきます。

ＪＲ東日本時代もそうでしたが、言動が派手で目立ちやすい人はいるものです。そうしたスタッフを指して、別のスタッフがこっそりつぶやきます。

「矢部さんね、派手な人って目につきやすいでしょ。でもね、派手なことは言わないけど、地道にコツコツやっている人がうちにはいっぱいいるのよ。その人たちをちゃんと見てね」

別のスタッフは、こうつぶやきます。

「矢部さんね、私たち忙しいでしょ？　お年寄りのお客さまが困っておられて、ご案内するけど、そのあとどうなったか心配なの。なんとかしてあげたいんだけど、時間がないからそれも無理。そういうのをうまくできないのかしら？」

彼女たちは、子育てや介護などあらゆる経験を積んでいます。さまざまな人生経験をして、さまざまな職に就き、流れ着くようにしてＴＥＳＳＥＩへ来た人も少なくありません。その人たちの細やかな感覚を、お客さまはもちろんのこと、スタッフ同士にも持ち込んでいるのです。新鮮な発見でした。若い人にはない感覚です。

気がつけば、一ヵ月の研修はあっという間に終わっていました。その後、人づてにこんな言葉が耳に入ってきました。

「私たちと一緒にあんなに汗をかいて、あんなに一生懸命やった人ははじめてね」

矢部なら信頼できる。その時点でそう思ってくれたわけではありません。しかし、少なくとも意見をぶつけてもいい相手だとは思ってもらえたようです。

会社からではなく、フォロワーから認められるリーダーに

たった一年や二年で、人は変わりません。それは組織も同じです。

私は就任の挨拶で「この会社を変えるために来ました」と言わないと誓いました。それと併せて決めた方針があります。それは、入社して一年半くらいの間は、スタッフが私を見てくれるように仕向ける取り組みを徹底するということです。

お掃除の会社で働いている人の難しさは、自分を卑下していることにあります。

「勉強しないと、ああいうふうになるのよ」

さすがに面と向かってそう言う人は少なくなりましたが、日本人の心理のなかにお掃除が底辺の仕事という意識がすり込まれています。スタッフはそのことをよくわかっているので、ＴＥＳＳＥＩに入ったことを親戚にも黙っていたという人までいました。

まずは、自分たちの仕事が社会にとって大切であることを認識すること。それを社会に対してアピールしていくこと。やがては誇りを持って働いてもらうこと。それがＴＥＳＳＥＩの課題であることは明白でした。

そのためには、私をまっすぐ見てもらえるようにしなければなりません。こちらを向いてもらわないと、何を言っても聞いてもらえないからです。それは前職でイヤというほど体験してきました。一年半という時間は、そのために必要な時間なのです。

ほかの会社を見ていると、こういう努力をしている人をあまり見かけません。役職や地位さえあれば、みんなが言うことを聞いてくれると思い込んでいるのです。

スタッフが自分を過小評価しているから、まず誇りを持たせようと直感的に悟った人がいても、一年半の努力をせずに二日目ぐらいに言ったとしても、絶対に無理です。時間はかかるように見えますが、かえって近道なのです。

一年半という時間の目的は「矢部さんという人は、私たちが言ったことをちゃんとやってくれる人だ」という感覚になってもらうことです。これも一種のパフォーマンスといえなくもありませんが、同じ夢を見て一緒に実現するためにはさまざまな努力が必要です。

まず、スタッフの詰所の冷房の故障が多かったのでその改善を画策しました。

簡単なことのように思えるでしょうが、東京駅の施設はすべてJR東日本の持ち物なので、通常はJR東日本に改善を申請することになります。しかし、JR東日本グループ挙げてのコスト削減のおり、そう簡単に認めてくれるはずがありません。

いくら頼んでも認めてくれないので、許可を取ったうえでTESSEIの費用で新しい冷房装置を買うことにしました。八〇〇万円の費用は経営上痛かったですが、劣悪な環境では体を休めることもできないので、必要不可欠な費用です。

コスト削減と言いましたが、一般的に、下に行けば行くほどしみったれたことをやり始めるのが日本企業の悪い癖です。

石鹸をなかなか買ってもらえないという声もありました。もちろん清掃用の洗剤は業務上必要なので削られませんが、スタッフが手を洗うための石鹸がなくて困っていました。たいした費用もかからないのに、「コスト削減」という一言がすべての行動の規範となり足かせとなっていたのです。

この石鹸を買うだけで、スタッフの気持ちが変わるのだから、安いものと思いませんか。

スタッフ全員で経営計画を共有

二年目からは、経営計画をスタッフ全員に説明するようにしました。

それまでは、経営計画を本社で作成し、本社内の役職員が回覧したあとに、せいぜい現場長あたりまで下りてきたところで終わっていました。現場で仕事に従事するスタッフは、目にすることのなかった書面です。

自分たちがやっている仕事の意味を理解しろといっても、これでは無理です。私はスタッフ全員に経営計画を理解させようと、パンフレットを作りました。

それをもって、当時六八〇人いたスタッフに一人残らず説明して回りました。二〇人から三〇人のグループごとに、私を含めた部長クラスが手分けして駆け回ります。正社員だけではなく、もちろんパートさんも同じ扱いです。

なかには、病気や急用などで説明会に出席できない人が出てきます。そういう場合にはたった一人だとしても、後日、部長が足を運んで説明しました。

「私一人のためにわざわざ来ていただいて、本当にありがとうございました」

「今まで経営計画の中身は教えてもらったことがないけど、こうやって一人ひとりに説明してくれたので、ものすごく感激しました」

そんな声が次々に上がってきます。

加えて、正社員の試験資格についても大きな変更をしました。

かつてのＴＥＳＳＥＩは、正社員試験の条件を「四十五歳以上、上長《じょうちょう》の推薦」としていましたが、若くして入ったらそこに至るまでの道のりは遠いです。実力があっても、途中で諦めてしまう人だって多いでしょう。私は、この条件をすぐに撤廃しました。唯一設定したのは「二十歳以上」という条件だけです。

条件を撤廃したのは、ほかの意味でも正解でした。推薦が必要になると、上長におもねる人が出てきてしまうからです。そういう人間ばかりになると、組織は正常に機能しなくなると、私は考えます。チームを統率するリーダーを選抜する管理職試験だけは、誰でもいいというわけにはいかないので推薦も参考にしますが、それ以下の役職であれば門戸は開いたほうが、スタッフのモチベーションアップにつながります。

テレビ局をはじめ、マスコミの取材も活用しました。

それまでのＴＥＳＳＥＩは、取材の要請が来ると「ＪＲ東日本に言ってください」と言って逃げていました。マスコミが来ると、自分たちの「アラ」が映されてしまうと恐れたのでしょう。ＪＲ東日本は堅めの会社なので、通常のルートではなかなか認められません。その返答をもってお断りするというのがお決まりのパターンでした。

私が来てからは、取材の要請が来たら絶対に個人で判断せず、私に回してくれということにしました。基本的には、よほどのことがない限りすべて受けます。最初のうちは社内でも問題視されました。

「ちょっとまずいんじゃないか」

「ちゃんとＪＲに言っておかないといけないんじゃないか」

私は、そうした声はすべて無視しました。テレビや雑誌などで露出があると、多くの人の目にＴＥＳＳＥＩが触れます。どのような会社なのか、どのような仕事をしているのか。改革中のＴＥＳＳＥＩがテレビで紹介されるや否や、それまで抱いていた３Ｋ（きつい、汚い、危険）というイメージが変わっていきました。

「お母さん、テレビ見たよ！　すごいところで働いているのね」

娘からそう言われたのだと、スタッフが嬉しそうに話していました。

そんなことが積み重なっていくと、スタッフの顔つきまで変わってきます。やる気も明らかに変わります。そういう意味では、スタッフのモチベーションが高まったのはマスコミのおかげでもあります。新卒でＴＥＳＳＥＩを受ける人も出てきました。

ＴＥＳＳＥＩで働いていて、私自身、それまでの蓄積から生まれた大きな果実を得ることができそうだ、という実感が湧いてきました。

立川駅長に就任したときも、最初の一ヵ月半はこちらから指示を出さず、私という人間を見てもらいました。東京の輸送課長に就任してＡＴＯＳを動かすときも、みんなの前で机を叩いて私のスタンスを見てもらいました。

リーダーである以上、みんなに認められなければいけません。「あなたが私たちのリーダーです」と認められなければ、日々の仕事は動いていきません。

よく勘違いされているのは、会社や直属の上司に「あなたがリーダーだ」と認めてもらえれば、自分がリーダーだという錯覚です。私に言わせれば、それではリーダーとは認められません。たまには上司を怒鳴りつけ、部下に理解されるリーダーであろうという気持ちで働いていた私に、ＴＥＳＳＥＩはその信念が正しかったのだと教えてくれているようでした。

ハインリッヒの「逆」法則

昨今は、すべてのことに効率やスピードが求められています。

私のような悠長に見えるやり方は、そうした趨勢《すうせい》とは逆行するように感じられるかもしれません。しかし、急がば回れという手垢のついた表現を使いたくはありませんが、そのほうが結果的に効率やスピードが実現できるのです。

そもそも、社会が激変していくなか、新しい製品や新しいサービスを提供するときに効率やスピードが重要なことは当然です。私たちが提供するお掃除に関しても、効率とスピードを徹底的に追求しています。しかし、人間で構成されている組織を改革するときにまでスピードや効率や即効性が求められるのは、どうも違うように思えるのです。

人間の組織を変えるには、想像以上に時間がかかると思います。ひょっとしたら、十年スパンで考えなければならないのかもしれないとすら、私は考えています。

にもかかわらず、製品開発やサービスと同じような発想でやろうとするから失敗するのです。私が一年半の準備期間を設けたのは、十年という単位で考えれば短いと考えたからです。

人間の考え方を短期間で変えようとしても、一時的には変わるかもしれませんが、何らかの要因によって簡単にもとに戻ってしまいます。またトップが代われば、あっという間にそのトップの考え方に染まっていくのです。

だから、リーダーは人間を変える方法を考えても仕方がありません。

むしろ、その人がもともと持っている能力や資質を発揮できる土壌をつくり上げることを考えるべきなのです。

さらに言えば、リーダーとなるべき人間は、組織の核となって動ける人材をどれだけつくれるかが問われています。私一人では、とても本を書けるような成果は出せませんでした。TESSEIの現場スタッフのなかに、組織の核となって動ける人材が次々生まれたからこそ、ここまで成し遂げられたのです。そういう人材は、リーダーの役割を担った私がつくった土壌から、自らの力で育ってきたのです。

みなさんはハインリッヒの法則を存知でしょうか。

これは、アメリカのハーバート・ウイリアム・ハインリッヒという人が導き出した安全の法則です。彼がある工場で発生した膨大な数に上る労働災害を詳細に調べ、そこから統計的に導き出されたものだといいます。ハインリッヒの法則とは次のようなものです。

重大な事故が一つ起こったとします。それは突然起こったわけではなく。そこに至るまでには、二九の小さな事故が起こっているというのです。その二九の小さな事故を放置しておくと、一つの重大な事故につながるということを言っています。また、二九の小さな事故が起こる前には、三〇〇にも及ぶさらに小さな事象が起こっています。

その三〇〇のささいな事象を放置しておくと、二九の小さな事故が起こり、そこから一つの重大な事故につながっていくというのです。

この一対二九対三〇〇という比率のことを、ハインリッヒの法則と呼ぶのです。

一つの重大な事故をなくすことを目的とするのがハインリッヒの法則だとすると、私たちTESSEIは一つの大きな目標を達成することが目的といえます。私たちにとってそれは「さわやか、あんしん、あったか」でありたいという軸でした。

だとすると、三〇〇の小さな事象を潰すのではなく、三〇〇の小さなよいことを積み重ねていくことで、一つの大きな目標を実現できるのではないか。そこで、私たちはこの姿勢をハインリッヒの「逆」法則と名づけ、実行に移してきました。

即効性のある組織改革法など存在しない

組織改革について講演を依頼してくださる方々から、よくこう聞かれます。
「組織改革に取り組んでも、一年や二年で挫折してしまうのです。長続きさせるにはどうしたらいいのでしょうか」

みなさん効果的で即効性のある素晴らしい対策を作ろうと思い、一生懸命考えて試行錯誤されています。国鉄時代のことですが、ある事故の対策を作り、上司に報告しました。「なんだ、これは！　もっと効果的で即効性のある対策を作れ！」。その上司と何度も何度も対策を練り、いよいよ「よし、これで行こう」となります。でも、その対策はあまり効果がなく、同じ事故が発生しました。時間をかけて練り上げたのに……。いくら素晴らしい内容であっても、効果があるかどうかはやってみないとわからないのです。事故は組織の歪《ゆが》みから生じるものです。事故防止とは組織改革と密接に絡んでもいるのです。

先ほどもお話ししたように、短期即効で効果の出るような手法というのは新しい製品やサービスを作るときには有効でも、組織に対するアプローチとしては間違っているからです。ガラス細工のような人間組織というものに、効果的でかつ即効性のある対策などないのです。そんな手法があれば、世界中の会社が悩むこともなくなるでしょう。

私が組織を見る立場に立たされた際、そうした即効性のある効果的な手法を考えたことは一切ありませんでした。そのような効率的な手法を考えるよりも、ハインリッヒの「逆」法則に則り、三〇〇のことを少しずつ地道にやっていくほうが、結果的には近道となります。

三〇〇の小さな種をまき終えると、ようやく二九のつぼみが育ちます。そこから大輪の花を一つ咲かせるためには、さらなる努力と時間が必要です。私が組織改革を十年スパンで考えなければならないと言うのは、この考え方に立脚しているからです。

リーダーは、誰よりも気を長く持ち、根気強く取り組むことが必要です。とくに、本気で組織を改革しようと思えば、この姿勢は絶対に必要だと思います。現場は簡単には変わりません。現場はハッパをかけたからといって簡単には動きません。そこでリーダーが癇《かん》癪《しゃく》を起こしたり事を急いでは、組織は絶対に変わりません。

これまでいくら頑張っても組織が変わらないとの思いを抱いている経営者やマネージャーの方は、一度腰を据えて、長期的な戦略を考えてみる価値はあると思います。

第三章

リーダーは、現場に頭を下げろ

「一時間一本勝負、二〇〇〇円！」

立川駅長時代、赴任して間もないころだったと思います。

助役が「ちょっと行きましょう」と誘ってくれて、一杯飲みに行きました。二軒目は、スナックになだれ込みます。それなりに飲んだので、それなりの値段になっていたと思います。翌日、出勤してすぐに前夜の精算をしようとすると、助役は首を振ります。

「お金はけっこうです」

会議費か何かで処理をしているのだろうと考え、その日は引き下がりました。しばらくして、また助役からお誘いがかかります。店は変わっても、値段はそれほど変わらないはずです。しかし、またもやお金はいらないというのです。

これはまずい。

ひょっとしたら私を抜きにしてみんなで割り勘にしているのかもしれない。こんな状態で飲み会をやってもみんなの負担になるだけ。いずれ、みんなの負担が大きくなってしまう。「飲みに行こう」と私から誘っても「今日は予定があって……」と尻込みし始めるだろう。何のために飲み会をするのか。そこで、それまでの飲み会のスタイルを変えることにしました。

「一時間一本勝負、二〇〇〇円！」

つまり、飲み会は一時間限定、どんなに盛り上がっても一時間で切ります。

そうしないと、確実に二次会に流れ、最後はカラオケにたどり着き、午前様になってしまうのは目に見えています。お酒が好きな人やそうやってワイワイ過ごすのが好きな人はそれでもいいでしょうが、そうでない人だってたくさんいます。

しかも、上司は疲れていないかもしれませんが、一般社員は毎日現場仕事でヘトヘトです。付き合わされる身になって考えれば、そうした飲み会は避けたいと思うはずです。一時間と時間を区切ることで、その弊害が克服できます。

さらに、役職に関係なく、参加者は全員等しく二〇〇〇円を出します。その範囲で飲めるだけ飲み、食べられるだけ食べるというスタイルです。役職が高い人が多く負担するのが一般的ですが、それぞれの家庭によって事情は異なります。全員が平等であれば、妙な気兼ねはなくなるはずです。

そのスタイルに変えてから、立川駅の飲み会には毎回十数人の社員が集まるようになりました。金額が明確に見えていて、「もう一軒、もう一軒」とズルズルと引きずられることもないとわかっていれば、飲み会に参加したいと考える社員も多いのです。

主任や一般社員のほうから「駅長、行きましょう」と声をかけてくれるようにさえなりました。

時間が限定されていて会費も平等に確定しているその席は、なんでもありの世界です。最低限のマナーと礼儀はわきまえますが、言いたいことを言うのがルールです。

今は変わったと思いますが、当時のJRマンは仕事がらみの話しかできない性《さが》を抱えていました。ある意味で世界が狭いともいえるほど鉄道一本の、本当に真面目な人が多かったので、徒党を組んでは仕事の話ばかりしていました。

しかも、そこには私が入っているので上司の悪口は言えません。そこにいない上司の悪口を言って憂さを晴らすという非生産的な状態に陥ることもないのです。酔ってわけのわからない話に付き合わされることもありません。たった一時間、わずか二〇〇〇円で悪酔いできる人がいるとすれば、かなりコストパフォーマンスが高いといえますね。

そうなると、必然的に話題は駅の課題に向かっていきます。

「お客さまの要望に応えるにはどうすればいいか？」

「列車の遅れをなくすにはどうすればいいだろうか？」

「列車が遅れたときの対応をスムーズにするにはどうすればいいか？」

一時間しかないので、密度の濃い議論になります。話し足りなければ、また次回ということでコミュニケーションを密にすることもできます。お酒の席ではありますが、一時間一本勝負なら、お酒もいい潤滑油になります。

社員の不満もリーダーの扱い一つでプラスに

その一時間一本勝負の席で、「グリーンカウンター」の話が出ました。

駅長室の近くに設置した「お客さま相談室」のことです。もっと端的に言えば、「お客さまの苦情承り室」というところでしょうか。室長のほか、三人の社員が勤めています。

そこには、年間二万件ほどの電話がかかってきます。直接グリーンカウンターにみえるお客さまもいらっしゃいましたが、ほとんどが電話応対です。その様子を見ていた現場の社員は、彼らに対してやや不信感を持っていたのです。

「あいつら座ってじっと待っていて、楽をしているんじゃないか」

たしかに、年間二万件の電話を三百六十五日で割ると、一日あたり五十数件になります。それを三人の社員で割ると、一日に対応する電話は二〇件にもなりません。さらに、一日の労働時間である八時間で割ると、二十分に一件、電話相談に対応しているという数字が弾き出されます。ただ、これは単純計算で、日に一本も電話がないということもあるのです。

これでは、ほかの仕事をしている社員が不信感を持つのも無理からぬことです。

二十分に一本の電話対応をする仕事――これが何を意味するかは明白です。つまり、時間が余って余って仕方がないということです。しかも、一日あたり二〇件に満たない相談には「小田急線に乗りたいんですが、どういうふうに行けばいいのでしょうか？」というような、誰にでも答えられる簡単な問い合わせが多く含まれているのです。

三人の社員を割り振ってこれでは、無駄以外の何物でもありません。しかし、効率が悪いからそんな仕事はなくせと言ってしまってはおしまいです。その人たちは、好き好んでその業務に就いたのではなく、会社の任命を受けてその仕事に就いているからです。

その人たちのせいではないから、無駄だと断じてしまうと尊厳を傷つけてしまいます。最大限の配慮をもって、室長に申し入れました。

「じっと電話がかかってくるのを待っているんじゃ気が滅入るだろう。駅の放送で『ただ今、緑色の制服を着た社員が駅の構内を回っております。お困りのお客さまは、お気軽にお声をかけてください』と案内させるから、頼むよ」

グリーンカウンターに勤めるグリーンのジャケットの駅員たちに駅構内を巡回させ、自ら課題を探してもらいつつ、お困りのお客さまにはその場で対応してもらうことにしたのです。そうすれば社員も受け身ではなく自ら動かざるをえませんし、お困りの様子のお客さまにこちらから声をかけることも可能になります。

これがその後、ＪＲ東日本が展開している「サービスマネージャー」という仕事になり、主だった駅に配置されるようになりました。現場を知り尽くした社員の力を生かさないのは、まさに宝の持ち腐れです。生かしきれていなかった社員の力が、新たなサービスを生み出した瞬間でした。

前向きな話は前進し実現する

これも一本勝負のとき、七夕に際して面白いことをやりたいという話が出ました。普段はわりと殺風景な駅ですから、七夕飾りを飾って、お客さまの喜ぶ顔が見たいと社員が言い始めたのです。まさに、現場から生まれてきた素敵な夢です。

誰かが、平塚の七夕で使った飾りが仙台に流れていると聞いたと言い出したのです。本当かどうかはわからなかったけれども、もしそうだとしたら、立川駅でももらいたいねという話で盛り上がり、計画がだんだん現実味を帯びていきました。

仮に七夕飾りをもらえるとして、それ以外にも要調整事項があります。立川駅の改札を出たところのコンコースは、巾二〇メートル。そのうちの七メートルを立川市が所有しています。飾りつけにコンコース全体を使うのであれば、市の許可も取りつけなければなりません。市長に話を持っていくと、すぐにOKをもらえました。

「それは面白いイベントですね、矢部さんのところでやれるのであれば、一応商工会議所にも話を通してやってください」

駅というのは地域に根差した存在であり、さまざまなトラブルも起きるため、当然地域の各組織（警察、消防、市そのもの等）と密に連携・協力しているのです。

私は、懇意にしていた立川商工会議所の小松事務局長（当時）のところに出向きました。

「立川駅のコンコースから昭和記念公園までの道を、七夕飾りでつなげたいんです。一緒にやりませんか？」

一本勝負で出た夢は、このころにはかなりスケールの大きなものになっていました。

「たしかに面白いけど、まずはコンコースでやってみたらどうですか」

事務局長はそう言います。たしかに、最初から範囲を広げると調整に手間がかかり、実現までに時間がかかりそうです。駅のコンコースだけで実施することに決め、あとは飾りをどうやって調達するかという段階まで進みました。

平塚市にルートがなかったので、再び市長に相談すると、市の助役さんが平塚市役所に電話をかけてくれるといいます。どうやら、平塚と立川はともに競輪を開催している市なので、つながりがあったようです。輪は広がっていきます。

私たちは、平塚駅前で開催される「湘南ひらつか七夕まつり」に出向きました。対策本部という部署があって、そこに行って事情を説明すると、事前に連絡が入っていたため、まつりを歩いて気に入った飾りを持っていっていいと快く許可をいただけました。

お聞きすると、七夕まつりが終わったあとの飾りは仙台に流れるのではなく、その多くが富士山にある自衛隊の演習場に行くということでした。演習場では地元住民のための七夕イベントが行われていて、自衛隊が使用済みの飾りを持っていってくれるのだといいます。

平塚市としても、掃除の手間が省け、廃棄費用もかからないということで助かっているそうです。私たちが持っていくのも、平塚市にとってはまったく問題ない話でした。

いよいよ飾りつけ当日。

湘南ひらつか七夕まつり終了後、立川駅の助役と主任たちが夜中に飾りを運搬し、女性社員たちが花飾りを整えて、竹をきれいに化粧直ししてくれました。大きな飾りを吊るすものがなかったので、事前に八王子支社の建築部門にピアノ線を張ってもらい、当日の早朝一気に飾りつけを行いました。

前日には何もなかったコンコースに、一夜にして七夕飾りが出現しました。通行するお客さまは、みなさん驚きの表情で見ていらっしゃいます。

湘南の自宅から立川に通うのは厳しいので、私は八王子の寮に入っていました。ときどき自宅から出勤するときは小田急線町田経由で来るのですが、その車内で乗り合わせた女性が、たまたま七夕飾りのことを話題にしていました。

「立川駅に七夕飾りがあって、ものすごくきれいよ」

競馬と競輪が名物で、七夕のイメージとはちょっと違った駅が、いっとき華やいだものになり、七夕飾りの見物目当てに立川駅を訪れてくださるお客さまも見かけるようになりました。駅社員全体で夢を実現し達成感をもたらした象徴的なイベントとなりました。

現場にある「やる気」の炎を消してはならない

私の前任の立川駅長も、駅でいろいろなプロジェクトを立ち上げていました。たとえば「安全」「お客さまご案内」「駅美化」「増収」「現金事故防止」などのプロジェクトです。しかし、残念ながらお世辞にも進んでいるとはいえませんでした。

私としては非常に面白く有意義な取り組みなので、もったいないと思い、これを完成させようと号令をかけました。

各プロジェクトのリーダーは主任です。助役でもなければ、駅長でもありません。上の立場の人間が仕切って、力と命令でプロジェクトを成功させたところで、それは一過性のイベントとして終わってしまいます。それでは意味がありません。安全も、お客さまご案内も、駅美化その他も、プロジェクト期間が終わったあとも保たれるべきものです。また、その取り組みが成功した場合、それらの成果は立川駅だけでなく、他の駅にも横展開していくべきものです。

そこで、現場で日々お客さまに接している社員たちに、その方法や進め方を自由に考えてもらい、中間報告を出してもらいます。必要な軌道修正があれば加え、最後は立川駅が所属する八王子支社の総務部長を呼んで発表大会を開催することにしました。

大きな組織の現場で働く人は、本社が決めたことを実直に遂行するのが使命だと思っている人が大半です。とくに、鉄道マンというのはその傾向が強いと思います。

しかし、日々働くなかで「これはおかしい」「これはこうしたほうがいいんじゃないか」という思いは、たくさんあるはずなのです。それをみんなで共有し、議論していけば、大きな変化を生み出す可能性が高い。

ただし、チームを作り輪になって考えたとしても、そこで答えを出すだけではやはり現場の域を出ることはできません。どんなに優れたアイデアがあっても現場だけで実行・解決できる問題は少なく、多くの場合支社や本社の援助が必要です。

まずは現場でやってみて、うまくいかなければ支社や本社を巻き込んで軌道修正していくことが、アイデア実現のためには重要です。

連携こそが最大の成果を生む

運転士を例にとりましょう。

中央線を走らせる運転士は数多くいます。その運転士たちが、気づいたことを報告し合うとします。このところ切通しのようなところから水が流れ出ているという報告があった場合、危険だからみんなそれに気をつけていこうという話になります。

しかし、いくら気をつけたところで、いよいよそこが危険水域を超えてしまえば、現場の運転士だけではどうすることもできませんね。危険水域を超える前に、支社に報告し、しかるべき調査を重ね、必要であれば工事を行うという流れで進めていくのが正解です。

あるいは、もっと早い段階から支社と連携していればどうなるでしょう。

結果的に工事を行うとしても、早い段階で手を打てば費用はもっと少なくて済むかもしれません。技術スタッフが運転士に見てもらいたいポイントを提示し、お客さまの安全や運転環境をさらに改善できるケースだって出てくるかもしれないのです。

いずれにせよ、現場を統括するリーダーとしては、現場がもの言わず黙っている状態は絶対に変えねばなりません。現場は、「本社は現場のことをわかっていない、会社は何もやってくれない」と文句ばかり言うのではなく、その前に自分たちがやれることがあると考えるべきなのです。

駅美化についても、支社のほうからは「ポスターを貼りなさい」という指示が山のようにやってきます。駅の構内に、もう貼るスペースがないというほどです。貼るスペースがあったとしても、壁に貼るには両面テープかガムテープを使います。貼っている間はともかく、剝がしたら壁にテープの跡が残ってしまいます。すると、美化のためにポスターが送られてくるのに、逆に美観を損ねるというジレンマに陥ります。

現場は、「これはおかしい」と思っています。でも、その声は支社には届きません。それはそうです。黙っているからです。だから、声を上げる必要があるのです。

では何と声を上げるか。「こんなに貼ったら、よけいに汚くなってしまうから貼れません」でしょうか？　それでは、美化の呼びかけもできなくなってしまいます。

「ポスターを貼るためのケースを設置してほしい」

そう声を上げるべきなのです。ケースがあれば、テープの跡は残りません。駅はお店と同じです。美観を損ねることのマイナスイメージは大きいのです。

お客さまご案内という面では、駅のホーム係が、列車が遅れたときに情報が何もなくて困っていたことがありました。

私が稼働させたＡＴＯＳの端末は、各駅にあります。それは、現時点でどの列車がどこをどういう順番で走っているかが瞬時にわかるものです。デスクトップパソコンのような大きな端末なので、それほど多くは導入できず、立川駅でいうと、端末は駅長室と上りホームにしかありませんでした。

下りホームに立っている駅員は、二分おきに列車が入ってきますから、持ち場を離れるわけにはいかず、端末を見に行くことができなかったのです。だから列車が遅れたら、情報から取り残されてしまうのは仕方がなかったのです。

しかし、そんな事情はお客さまには関係ありません。お客さまは、駅員がすべての情報を把握していると思っているので、駅員に事情や状況を聞いても答えが返ってこないとストレスが溜まります。こういうとき、お客さまが駅員に文句をおっしゃるのは当然なのです、駅の実態はそうなっているのです。

ここでお話ししているのは二〇〇〇年になる直前の話なので、現在のようなタブレット端末はありません。Ｗｉ－Ｆｉもなかったので、通信環境もそんなによくありません。

それでもどうにかしなければならないと考えた私は、ホームに立っている駅員が情報にアクセスする方法を考えてほしいと支社に提案したことがあります。

はじめは、無線で飛ばすことを考えました。すると、そのシステムを組むのに一億円かかるという見積もりが出ました。支社に報告すると、支社の決裁権限では不可能とはねられます。本社の投資計画部と電気関係の専門家に相談すると、金額はともかく無線にするとセキュリティ上問題があるという理由で却下されました。

最終的に、解決したのは東京支社でした。電話回線を使って、携帯電話のような端末を使うシステムを構築したのです。四年ほどかかりました。私が立川駅長をしていた時代には完成しませんでしたが、この問題解決はＪＲとお客さまにとって非常に効果を発揮しました。

食ってかかってくる部下はありがたい

こうした数々のプロジェクトを回していくなかで、中間報告の直前に、リーダーを務める主任が私のところに報告案を持ってやってきました。

彼が入ってきたとき、私はその日開催される八王子支社の会議に向かうところでした。

「駅長、報告案を作りました。ちょっと見ていただきたいのですが」

「ああ、ありがとう。ただ、これから出かけるので、机の上に置いておいてくれ。あとで見るよ」

何の考えもなく、そんな対応をしました。しかし、しばらく経ってから一時間一本勝負の飲み会の席で、その主任に詰め寄られました。

「駅長、私たちが一生懸命に考えた案をどうしてすぐに見てくださらなかったんですか⁉おかしいじゃないですか！」

（しまった……！）

私は、冷水を浴びせられる思いでした。

「おい、駅長に失礼じゃないか！　やめろ」

助役がすかさずそう言ってくれましたが、私は心から主任の言う通りだと思いました。

「すまない。本当に失礼なことをした」

みんなの前で頭を下げました。

懸命に考えろという指示を出したのは私です。それに対して、主任は一生懸命にやりました。少しでも早く駅長に見せ、意見を聞きたいと思うのは当然です。それがわかっていながら、何も考えずに後回しにしてしまった。せっかくやる気になって火のついた気持ちを、私は消してしまうところでした。

幸い、彼は私に食ってかかる強さを持った人でしたから、こうして直訴してくれて、結果的にその一件でやる気をなくすということはありませんでした。しかし、リーダーのみなさんに知っておいていただきたいのは、リーダーはいとも簡単に、時として思いもよらぬ間に、部下のやる気の火を消してしまう可能性があるということです。

リーダーの仕事はむしろその火を煽り、炎にしてあげることですから、知らぬ間に火を消してしまうようなことは絶対に避けなければいけません。彼のように食ってかかってくるような部下ならば、我が身を悔いて謝ることもできますが、彼がもし、黙って火を消してしまったらどうでしょう。私はそんなことを知る由もないのです。
これが、人間の組織はガラス細工のように繊細だという意味です。

建設的な意見にはノーと言わない

各駅には「信号扱い所」という場所があります。その名の通り、信号を操作するところです。端末が二つほど並んでいるのですが、普段は自動で行われているので、昔のように列車がやってくるたびに人の手で操作する必要はありません。ただ、何が起こるかわからないのが列車なので、そこに誰もいない状態をつくってはいけません。

ということで、暇だからどうせサボっているのだろうと、突然その詰所に入ってみると、案の定、当番の彼は新聞を読んでいました。

「なんだよ、業務中に新聞なんか見るな！」

「へへ、すいません」

「新聞なんか読む暇があるんだったら、ちょっと仕事をやらせるかな？」

そう言って、みどりの窓口にあるパンフレットをごっそり持ってきて、それを折る作業を命じました。すると、こんなことを言う駅長ははじめてだったのでしょう。

「いやいや、それは僕の業務ではありませんよ！」

サボっておきながら図々しい！

「コラ、業務になくても駅長の命令ならできるだろう」

彼はしぶしぶ納得しました。

続いて、ふと彼が、読んでいた新聞を私に示して言います。

「これ、ジ・アルフィーの公演があると書いてありますよ」

小さな囲み記事でしたが、ジ・アルフィーが立川駅そばの昭和記念公園で公演を行うと書いてありました。しかし、そのとき私はジ・アルフィーが何者なのか知りません。

「これ、何？」

「え、知らないんですか？　全国的にものすごい人気のあるバンドですよ！」

「へえ、知らなかった」

「これ、なんかやったら面白いんじゃないんですか？」

彼がそう言うので、私も考えてみました。駅長室に戻り、副駅長に相談します。

「こんな公演があるんだけど、記念のイオカードを作って売ったらどうだろう？」

「面白そうですね。でも、どうします？　普通のイオカードじゃ売れませんよ」

「ちょっと待って」

私は、またも商工会議所の小松事務局長に電話をかけました。

「あのさ、ジ・アルフィーの顔写真をイオカードに印刷して配りたいんだけど」

その人は、言下に否定します。

「矢部さん、それは無理ですよ。ロイヤリティーを取られますよ」

「そうか～……なんとかできないかな？」

「わかりました。ちょっと相談してみます」

顔の広い事務局長は、どういうルートからか高見沢俊彦さんの事務所と相談したといいます。するとなんと、高見沢さんが立川の鳥であるカワセミを模したギターのイラストを描いてくださり、なおかつロイヤリティーはいらないとまで言ってくれたというのです。

ありがたく申し出を受け、一〇〇〇円のイオカードを思い切って四万枚作りました。四〇〇〇万円の出費に対し、八王子支社からは提案時から大目玉を食らいました。しかし、絶対に売れると説得し、実現にこぎつけました。

結局、二日間の公演で三万五〇〇〇枚売れました。助役さんたちが、汗びっしょりになりながら、「駅長！　ものすごく売れましたよ！」と顔をクシャクシャにしていました。

残りの五〇〇〇枚は、その後国立競技場で開催された二日間のジ・アルフィーの公演で完売しました。結果的に、業務中に新聞を読んでいるところを捕まえた社員が出したアイデアが、四〇〇〇万円の売り上げをもたらしたことになります。

世の中には、「サボっているヤツの意見なんて」と、聞く耳を持たずに切り捨ててしまうリーダーが案外います。私の場合はジ・アルフィーすら知らないことからもわかる通り、サボっていた部下の意見でも積極的に耳を傾ける性質なのが功を奏しました。

この件をきっかけに、彼が真面目に仕事をするようになったという話はとくに聞いていませんが（笑）、ただ、この成功をきっかけに、彼は物事をよく考えるようになったのではないでしょうか。

やる気という炎を消さないだけでなく、火に油を注ぐのもリーダーの役割なのです。

勝算のある冒険をしてみる

当時の中央線は、かなり頻繁に止まっていました。

その際、振替輸送のご案内をしなければなりません。立川駅の場合は、南武線に乗り換えて登戸《のぼりと》まで行って小田急線に乗り換えるか、分倍河原《ぶばいがわら》か稲田堤《いなだづつみ》まで行って京王線に乗り換えるというルートの説明を放送で流します。

すると、放送をしている人間がお客さまに取り囲まれてしまい、放送することができなくなってしまうのです。構内にあふれる大勢のお客さまには放送が途絶えることで情報が伝わらなくなり、放送がないとクレームが入るなど、列車が止まるたびに駅は大混乱に陥っていました。

そんなあるとき、駅の社員がこんな提案をしてきました。

「駅長、これじゃあダメですよ。泣き屋を作りましょう」

彼の言う泣き屋とは、お客さまと同じ目線ではなく、お立ち台を設けて、一段高いところに立ってハンドマイクで放送する人のことです。そして、その周囲を取り囲むように、助役をはじめとする駅社員が振替輸送のルートを記したパンフレットを配るのです。するとかつての混乱はなくなり、スムーズにご案内できるようになりました。

パンフレットの内容も、あるプロジェクトチームの発案で作成していたものでした。口で説明しても、混乱のさなかでよく聞き取れないケースもあります。

一度聞いただけでは理解できないお客さまもいらっしゃいます。放送で聞いた内容を、駅員に確かめにくる方もいらっしゃいます。そういう方に紙に書いたものをお渡しすれば、放送のバックアップにもなるので確実です。それほど難しい取り組みではありません。ちょっとしたアイデアで、事態が劇的に変わることもあるのです。

同じく中央線が止まったとき、改札口でお客さまに謝罪していると、ある女性のお客さまのグループがこんなことをおっしゃいました。

「駅長、いつ運転再開するの？　私たちはどのくらい待てばいいの？　ただじーっと待っているのがもったいないのよ！」

たしかに、こうおっしゃるお客さまは少なくありません。なるほど、いつ動き出すのかも知れぬ電車をただ待つのは辛いものです。これはいける――そう思いました。

副駅長や助役たちと相談したところ、駅ビルのグランデュオ立川にご案内してはどうかという案が浮上しました。その仕組みはこうです。

お客さまをグランデュオ立川にご案内したら、店内放送で「ただいま中央線が止まっております。運転再開まで、ごゆっくりお買い物をお楽しみください」と流してもらうのです。

そして運転再開の目途、運転再開の正確な時刻なども、逐一店内放送で流してもらいます。最初は渋っていた店長を、責任は立川駅が取るからと説得し、了承を取りつけました。グランデュオ立川はJR東日本が約八割を出資する子会社のため、渋っていた店長は「仕方ないな」くらいに思っていたかもしれません。

そんな矢先、落雷によってまたも中央線が止まってしまいました。

さっそく、お客さまをグランデュオ立川にご案内しました。人身事故や信号機故障ではなかったため、なかなか運転が再開されません。

しばらくすると、グランデュオ立川の常務が汗びっしょりになって駅に駆け込んできました。手には五千円札を握り締めています。

「矢部さん、すいません！　一円玉がなくなってしまったので、両替してください！」

常務は、まだ運転再開しないのかとしきりに聞いてきます。状況を尋ねると、お客さまが多すぎて、身動きがとれないほどだといいます。

結局、その日のグランデュオ立川の売り上げは、通常の二倍になったといいます。

専門家の力を引き出せるか

駅長は営業出身者が多い傾向があるのですが、私は営業のことはさっぱりわかりませんでした。指令部長のときも、安全のことについてはよく知っていましたが、列車のダイヤの仕組みや車両についてはずぶの素人です。現在のＴＥＳＳＥＩにしても、掃除の本質というところは、現場のスタッフに比べたらまったくわかっていないといえるでしょう。

周囲からは常に「矢部で大丈夫か？」という声が上がります。しかし、ありがたいことに結果的になんとかかんとかすべてうまくいっています。なぜでしょうか。

それは、全体を見ながら、現場を知り尽くした部下が動きやすいように環境を整えているからです。どうやっても、素人が専門家に勝てるわけがありません。大きな夢を叶えたり目標を達成するには、専門家の力が絶対不可欠です。だとしたら、専門家の力を引き出すのがリーダーの役割なのではないでしょうか。

そしてもう一つ。その専門家たちがもっといろいろなことに関心を持つように仕向けるのも、リーダーの腕の見せどころです。専門家である部下たちが持つ興味の範囲の広がりは、組織を強くする夢（可能性）の広がりにほかなりません。

人にこうした話をするとすぐに「やはりイノベーションですね」という話になります。しかし、TESSEIのおばちゃんたちを相手に「イノベーションを起こそう！」と言っても、何のことかわかりません。むしろ、イノベーションという言葉に壁を感じ、イノベーションなど私にできるはずがないと諦めてしまうのがオチです。

TESSEIで働くスタッフの九九・九九……パーセントは平凡な人たちです。しかし、多くの企業に勤める人も、実はその多くが、ごく平凡な人なのではないでしょうか。

平凡な人に非凡なことをやらせようとするから無理が生じてしまい、無用の挫折感を抱かせてしまうのです。

だとすれば、平凡な人には平凡なやり方で、変化を起こさせればいいのです。

イノベーションではなくちょっとした創意工夫であれば、意識の持ちようで誰にでもできます。非凡な人が百のことをするよりも、平凡な人の小さなしっかりした一を集めて百にするほうが、よっぽど現実的です。そして、平凡な人の小さな一が、二になり、三になれば、企業の力は加速度的に伸びていくはずです。

それと同じ考え方を表現する安全の言葉があります。

「二流、三流の戦略でもいいから、一流の実行力を」

実行が困難な一流の対策をいい加減に実行するより、誰にでもできる二流、三流の対策を着実に実行するほうが、効果があるという意味です。

そのカギを握るのが、リーダーの力であることは言うまでもありません。

第四章

公正に、平等に、小さな成功を喜び合う

みんなでワイワイやれば事故は減る

一九八七年四月に異動した本社安全対策部企画係長時代は、安全システムだけでなく安全全般の計画を任されていました。

安全の権威でもある山之内副社長のもと、一年後に「安全のマスタープラン」を作り上げました。その後、民営化されたＪＲ東日本が数次にわたって発表する「安全重点投資計画」と「安全基本計画」は、この安全のマスタープランをベースとしています。

これらの計画には、私がネーミングした「チャレンジセイフティ運動」が盛り込まれています。発端は、山之内副社長の指示でした。

「本社の人間は、わかったような顔をして指示を出す。だが、彼らは現場で何が起こっているのか知らない。大きな事故が起こってはじめて知るのだ。それではダメだ。現場第一線の社員こそ何が課題かよく知っている。そうした社員の知恵、工夫、努力を大事にする仕組みを作れ」

そこで私が作ったのは、きわめてシンプルな仕組みでした。

「みんなで課題を出し合おう」

「それをみんなで議論し、みんなで対策を作り、みんなで実践しよう」

「現場でできないものは、本社、支社に伝えて一緒になって実践しよう」

これだけです。マニュアルは作りませんでした。

「マニュアルがなければ、現場は動かない」

こうした非難や批判が押し寄せましたが、山之内副社長も「これでいい。マニュアルは作るなよ」と後押しすらしてくれたのでした。

私は、安全に対する「意識をすり込む」仕組みを作りたいと思いました。

そのためには、常に緊張感を高めておかなければなりません。マニュアルを作って「こうやってやれ」と指図しても効果は上がりません。マニュアルを完璧に遂行する人間は出てくるでしょうが、安全について常に知恵を絞り、常に工夫を凝らし、常に努力を重ねることのできる人間は出てこないからです。

いつも同じことをしていると、人間は緊張感を持ち続けることはできません。常に変化がある状態は、人間の気持ちを昂らせます。私が「みんなでやる」ことにこだわったのは、お互いに共有し、議論を戦わせ、刺激し合い、認め合うことが緊張感を生み、心の昂りを生み、それぞれが行動するときの原動力になると考えたからです。

チャレンジセイフティ運動を始めたあと、山之内さんから再び指示がありました。

当時、ＪＲ東日本には一〇ヵ所の支社がありました。そこで一〇支社の一支社ごとに毎月チャレンジセイフティ運動の発表会を開けというのです。それに加え、国際鉄道安全会議と国内向けの安全シンポジウムを開催すれば、一年十二ヵ月、毎月どこかで安全についてみんなで議論する場ができることになります。

山之内さんも、みんなでワイワイやることによって事故が減ると考えていました。

実際、私たちは翌年、鉄道が始まって以来、はじめての「事故ゼロ」を達成します。ベタな言い方になりますが、「みんなの力」の大きさを実感することができました。

収入格差を埋めるもの、それは働く誇りである

私がＴＥＳＳＥＩに赴任したとき、ＴＥＳＳＥＩに与えられた予算はＴＥＳＳＥＩとして過去最低水準でした。ＴＥＳＳＥＩはＪＲ東日本の子会社なので、ＪＲ東日本側から見ればＴＥＳＳＥＩにかかる費用はコストにあたります。コストを削減しようとするのは当

然の流れです。

しかし、新幹線の本数は年々増えています。それに対応しながらコスト削減するためには、パートを含むスタッフの数を増やさざるをえません。そうなると、材料費など清掃に関わるコストは一定なので、しわ寄せが向かっていく先は、人件費しかありません。

これでは、いくら頑張れと号令をかけたところでスタッフの士気は上がりません。そこで、私はデータを示しながらＪＲ東日本と交渉しました。

結果として、予算をかなり増やすことができました。これは、列車の本数に合わせたという現実的な側面もありますが、ＴＥＳＳＥＩの存在をＪＲ東日本が評価してくれたことも大きな理由です。ＴＥＳＳＥＩがＪＲ東日本のサービスをきちんとフォローしている。そしてＰＲをしているという感触を、ＪＲ東日本側が持ってくれたのです。

売り上げの増加に合わせて、ＴＥＳＳＥＩでもスタッフの賃金を上げていく方向で動き出しました。

まずはパートから始めました。当時の時給は一〇三〇円です。これをまずは一〇七〇円に上げ、さらに一一〇〇円まで持っていきました。同じ清掃会社でもこれより高い水準のところはありますが、私はこれ以上は上げるべきではないと考えています。上げる必要がない、ともいえるかもしれません。なぜなら、パートがもっと収入を得たいと思うのであれば、正社員試験に挑戦してもらえる仕組みを整えているからです。

社員は主任試験を目指し、主任は管理職試験を目指せばいいのです。階層と収入を明確にしたうえでチャレンジできる門戸を広くしておけば、スタッフの金銭的なモチベーションには応えられると私は考えています。ここから先のことは現社長とこれから社長に就任する私の後輩が考えることですが、誰もがチャレンジ可能な公正な体制は、私自身魅力的だと思います。

ただ、どんなに給料が上がったとしても、TESSEIのような清掃企業のスタッフの年収が一〇〇〇万円を超えることはありません。職業に貴賤はないといわれますが、収入の格差は厳然と存在します。そして、仕事に対する対価は異なって当然だという常識は、日本人の心の中に深く刻み込まれています。

そこで何かを諦めさせないためにも、リーダーは、スタッフに「夢＝挑戦する目標」と「誇り」を持たせてあげるべきでしょう。それは、金銭ではありません。

報奨金も表彰もチームではなく個人に

ＴＥＳＳＥＩにも報奨金制度はあります。

私が赴任した当時は、年間優良現場賞というタイトルだったと思いますが、その多くが現場表彰でした。現場表彰とは、表彰の対象が集団・チームということです。

これは、赴任とともにすべて廃止しました。なぜなら、表彰の対象が「現場」という曖《あい》昧《まい》な範囲だと、個人個人は表彰された実感が湧かないからです。

表彰の賞金を集団にまとめて渡しても、全員に分配されるわけではありません。分配されたとしても、金額的にインパクトのあるものにはなりません。しかも、正社員ならともかく、パートなどはもらったかどうかさえわかりません。表彰に関しては、個人を対象にしなければモチベーションには結びつかないのです。

表彰する側も、会社が設置した「賞罰委員会」で行っていました。表彰と懲罰という正反対の事案を、同じ委員会が扱っていたのです。

こういう仕組みにしておくと、どうしても懲罰に関することがメインになってしまいがちです。ミスをしたり、クレームを受けたり、不祥事を起こしたり、何かマイナスな事案が生じたとき、臨時で集められて対象者の「罰の程度」を決めるだけになってしまうのです。

おそらく人間にとって、プラス面とマイナス面を同時にくまなく見るのは難しいことだと思います。どうしてもマイナス面である懲罰がクローズアップされてしまい、プラス面の表彰のことは置き去りにされてしまいます。

そこで私は、賞罰委員会を解体し、表彰委員会と懲罰委員会とに分けました。分離して表彰委員会を毎月一回定期的に開催することで、表彰するという意識が強くなっていくと思ったからです。逆に、懲罰は何か不祥事が起こったときにだけ、不定期に開催すれば十分です。

同時に、二〇〇七年から「エンジェルリポート」という制度をスタートさせました。この制度を、表彰制度と組み合わせたところがミソです。

エンジェルリポートの内容についてはのちほどお話しさせていただくので、ここではその存在だけを頭に入れておいてください。要は、スタッフ同士が褒め合う仕組みです。

表彰は、個人賞を月間、半期、年間それぞれで行います。もちろん賞金も与えられますし、年間優良従業員になれば五万円です。さらに、おもてなし創造部長賞や安全企画部長賞など、さまざまな賞を設定しています。

これらの表彰は、完全に能力ベースで行います。モチベーションに配慮するためにまんべんなく行き渡るようにするなどという温情は一切ありません。

フェアにやらないと、スタッフから文句が出ます。どうせ出来レースだと失笑を買うことになるでしょう。その感情はやがて、表彰制度への不信感を生んでいきます。誰が見ても納得できる結果にならなければ、次から頑張ろうというモチベーションにはつながらないのです。

エンジェルリポートと、その結果としての表彰は、もちろんスタッフのモチベーションを高める要因になりえます。見かけ上は金銭的なモチベーションです。そのための策として位置づけられて然るべきですが、私にはもっと重要な、別の狙いがあります。

それは、「共有」と「共感」を引き出すことです。

エンジェルリポートのような制度ができると、今まで以上に一緒に働く仲間に関心を持つようになります。仲間の行動をよく見ないと、リポートを上げられないからです。

当初の二年間は、三〇人のリポーター合わせて一〇〇〇件を超える数字でしたが、私はもっと増やすように指示を出しました。紆余曲折はありましたが、二〇〇七年度から二〇一四年度までに二万三〇〇〇件程度のリポートが提出されました。

件数を増やす目的は、お互いを褒め合ったり、励まし合ったり、支援し合ったりする習慣を身につけることにあります。意見を共有したり、刺激し合ったり、認め合う文化を会社に定着させるには、この方法が欠かせないと思っているのです。

今や車両開発にTESSEIのアドバイスが

一般的に、女性は男性に比べてトイレの時間が長くかかります。男性トイレはスイスイ進んでいても、女性トイレには長蛇の列という光景は誰もが目にしていることでしょう。

あるとき、東京駅構内のトイレで、並んでいた若い女性が失禁してしまいました。通りかかったＴＥＳＳＥＩのスタッフが、下着の替えを用意するなど、困っていたその女性を介抱しました。落ち着いたころで聞くと、こんなことが原因だったといいます。

「新幹線のトイレは男女共用です。あそこに入ることはできませんでした。だから新幹線に乗っている間は我慢して、東京駅に着いたら行こうと思ったのですが、駅のトイレも並んでいて、我慢しきれなかったのです」

その話を聞いたスタッフが、私に訴えてきました。

「矢部さん、やっぱりおかしいよ。トイレはどこでも男女に分かれているでしょ？　それなのに、なんで新幹線は分かれていないの？」

言われてみればその通りです。

後日、JR東日本を含め、グループ会社の社長・社員が集まる機会がありました。私が伝えても「また矢部がうるさいことを言っている」とぞんざいに扱われるだけなので、そこにスタッフの女性を連れていって話してもらいました。

JR東日本の清野智社長（現在の会長）は、スタッフの話を真剣な顔で聞いていました。それからしばらくのち、女性専用トイレが設置されたE－5系、E－7系という新幹線が登場しました。新幹線の車両開発にあたって、TESSEIの意見が反映されたのです。これは一つの成果だと思っています。

これからは、TESSEIのアドバイスを受けないと車両開発もできない時代に入っていくのではないか。JR東日本のトップにとって「TESSEIに話を聞いたか」というのが、一つのチェック項目になっていくのではないだろうか――。そんなことを真剣に考えてしまうほど、ＴＥＳＳＥＩの存在感は増していますし、そうありたいと思っています。

自分の会社、自分の働き、自分の意見がここまで認められると、それはスタッフの働く誇りにつながっていきます。そして、その働く誇りがさらにみんなを動かす原動力になっていくのです。

毎日お客さまと向き合うなかでさまざまなことを考え、それを共有していくことで、新たなサービスやつながりが生み出されているのです。

「赤ちゃんにミルクをあげたいんですけど、どこかに授乳できる場所はありませんか」

以前から、小さなお子さま連れのお客さまからそう聞かれることが多かったといいます。女性スタッフの大半は子育ての経験があるので、その声を放っておくことができません。

「矢部さん、なんとかならない？」

ＪＲ東日本に頼んでみようということでお願いしたら、つくってもらえることになりました。お客さまのためになる、役に立つ意見なら、ＪＲ東日本本社も言うことを聞いてくれます。リーダーは自信を持って、部下からの意見をさまざまなレベルで伝えていくべきです。

現在、東京駅には「ベビー休憩室」があります。そこはカラフルな折り紙などで飾りつけされ、幼稚園か保育園のような雰囲気です。自分たちの発案でできた場所なので、雰囲気づくりもＴＥＳＳＥＩのスタッフが自発的に取り組んでいます。

新たな協力がサービスの幅を広げる

ＪＲ東日本では、以前から関係者を集めてサービスフォーラムを開催し、企業同士がタイアップしたサービスを展開する取り組みを行っていました。

しかし、そこにはＪＲ東日本のグループ会社が含まれていません。スタッフからそういう機会を作ってほしいという声が寄せられたので「お客さまサービス・タイアップラリー」という仕組みを作りました。

ＴＥＳＳＥＩと日本レストランエンタプライズ（ＮＲＥ、旧日本食堂）が共同開催という格好にし、ＪＲ東日本の役員、車掌、運転士に加えてグループ会社の担当者一八〇人くらいを一堂に集めました。自らの業務で起こっている問題や課題などを発表し、それについてディスカッションするのです。そこで、こんな話が出ました。

ＪＲ東日本の新幹線に乗務する車掌は一人ですが、車掌がお客さまに対して行うサービスは多岐にわたり、乗務の間かなり大変になるのは事実です。ところが、それを聞いたＮＲＥのスタッフが言います。

「新幹線は車掌さんだけじゃないですよ。私たちも列車のクルーです。だから、私たちと一緒にやりましょうよ」

この話から、現在では新幹線に乗務するＮＲＥのスタッフが、車掌の業務を手伝う仕組みが出来上がりました。

たとえば、トイレが汚れた場合はＮＲＥのスタッフが対処しています。ＴＥＳＳＥＩは新幹線には乗れませんので、トイレットペーパーの予備がどこに置いてあるかをあらかじめＮＲＥのスタッフに伝えておくという形で参加します。

これまで、車掌とＮＲＥのスタッフが同じクルーという意識を持ったことはまったくなかったそうです。

今ではなくなりましたが、かつて車内検札が行われていたころ、ＮＲＥのスタッフは検札が終わるまで車内販売のワゴンとともにじっと待機していたといいます。

しかしその一件以来、堂々と入るようになりました。車掌もＮＲＥの存在に気を使うようになったそうです。すべては、お客さまに対するサービスを優先する発想です。この仕組みができたのは、ＴＥＳＳＥＩのスタッフの発想がきっかけです。

リーダーは知恵を集めよ

　ＪＲの場合、十八歳か二十二歳の新卒で入社した社員を一から教育することでＪＲマンに育て上げます。もともとある程度の資質を持った若者なので、教育の効果は非常にわかりやすく表れてきます。悪く言えば金太郎飴ですが、号令をかければ一斉に動くという意味では、非常にやりやすい環境でした。

　しかし、ＴＥＳＳＥＩにはさまざまな職業を経験したスタッフが入ってきています。一つのやり方を押しつけるのは、かなり難しいところがありました。「ＴＥＳＳＥＩではこうしなければならない」ということをあれこれ定めても、それを徹底させることはできないだろうと感じていました。

　むしろ、さまざまな経験を持っている人がいるのであれば、七分間で質の高い清掃をするという軸さえ固めておけば、あとは得意分野を利用すればいいのではないかと考えました。その好例が、ゴミを回収するときに使うゴミ袋でした。

「矢部さん、うちで使っているゴミ袋、ちょっと厚すぎるんじゃない？」

「え？　なんでわかるの？」

「私、昔ゴミ袋の会社に勤めていたんです。試験所みたいなところがあるから、そこに持っていって衝撃試験をしてもらったらいいと思いますよ」

「それに、この袋、レジ袋みたいに持ち手がついて縛るようになっていますけど、普通に縛ることができるので、持ち手の部分は必要ないと思いますよ」

結果は驚きでした。

試験場に頼んで検討してもらったところ、ＴＥＳＳＥＩが回収するゴミの種類、量であれば、やはりここまでの厚さは必要ないとのことでした。結果的に、二〇ミクロンも薄くすることができたのです。

ピンとこない方もいらっしゃるでしょうが、ＴＥＳＳＥＩでは年間一二〇万袋のゴミ袋を使っています。これだけの量となると、一枚あたりのコストは経営上、非常に大きなインパクトを持ちます。スタッフが言い出したこの件で、なんと二〇〇〇万円近いコストダウンが実現できたのです。

さまざまな職業を経験した人が来ているとわかっていたのですから、ある意味では当たり前のことですが、スタッフがゴミ袋という切り口で攻めてくるとは思ってもみませんでした。

清掃用具では、モップの改善にまつわる話があります。

家庭と違って土足で歩く場所を清掃するので、モップはすぐに黒くなります。年から年中洗っていなければ追いつかないのですが、大量のモップを洗濯するには大型の業務用洗濯機が必要です。

ＴＥＳＳＥＩにはそれが六台ありますが、その洗濯機は一台あたり四〇〇万円くらいする高額なものです。それが老朽化するたびに取り換えなければならず、コスト負担もバカにならない金額でした。するとあるとき、女性スタッフと話をしていると、その話題になりました。

「矢部さん、今どきモップというのはおかしいんじゃないの？」

「！」

思いもよらない意見でした。

「なんで？　モップじゃないと掃除できないでしょ？」

「そんなことないわよ。〝ラーグ〟なら、普通の洗濯機で洗えるわよ」

ラーグとは、モップ用の換え糸の種類ですが、性能が普通のモップと異なります。これも、清掃の専門家ならではの意見でした。経営陣は清掃の素人なので、そうしたところまで頭が回りません。試しに使ってみたところ、清掃に関してはラーグでも問題ありませんでした。

結果的に、現在ではほとんどモップを使わなくなっています。老朽化した業務用洗濯機を取り換える必要がなくなり、四〇〇万円のコストが浮いたのです。

さらにこんな例もありました。

私たちは鉄道マンなので、事務所に安全祈願のための神棚を置きます。

神棚は、買えば一〇万円も二〇万円もする代物です。しかし、スタッフのなかに元建具職人という人がいて、彼が本職の力を十分に発揮し、素晴らしいものを製作してくれたのです。材料費は一万円もかかっていないというので、二重の驚きです。

カッコよく言えばTESSEIはダイバーシティの会社。さまざまな仕事を経験した人々が働いているのです。

人にはいろいろな事情があります。仲良くなれば話をしますが、いろいろなところを経由してたどり着いた人が集まると、わざわざ自分の来し方を口にすることを避ける傾向があります。でも私は、いい話はすぐにでも取り入れて共有したいと考えています。

過去の経験を、みんなで認め合いたいと思っています。

実際にそれを始めてからは、そういうことを言っていいんだ、聞いていいんだという雰囲気が生まれたように感じます。その結果、仲間に対する関心がさらに湧き、むしろスタッフ間の人間関係がよくなった気がしています。

人は認められることによって成長する

本社力を高めることは、すなわちスタッフの支援力を高めるということです。序章で、本社力はリーダーシップだと言いました。支援力は互いに認め合う文化です。つまり、リーダーシップとは「認め合う文化を構築する力」なのです。

安全の方程式、サービスの方程式といわれるものがあります。

一〇〇人の人が仕事をしているなかで、たった一人が事故を起こしたり、クレームを受けたりするようなことをすると、すべての成果がゼロになるという公式です。

この場合、経営者は一人のミスをなくそうと必死になります。一つのミスが起こるたびに全員を集め、みんなの前で一人を徹底的に叱責します。いわゆる「見せしめ」です。

「けしからん」

「何をやっているんだ」

「ダメじゃないか」

「たるんどる」

「しっかりやれ」

ところが、この経営者は九九人の人が一生懸命仕事に取り組み、事故も起こさずクレームも受けず、地道にコツコツと仕事をしていることを忘れています。こういうことを聞いていると、彼らは徐々にやる気を失っていきます。

「自分はこんなことを言われずに済むように、つつがなく仕事をしよう……」

そうなると、たしかにミスはなくなるかもしれませんが、ミスを恐れてチャレンジもしなくなります。

TESSEIでは、一つのミスをなくす努力はしなければなりませんが、一方で九九人を大事にし、光を当てていかなければならないと考えたのです。

あるとき、スタッフからこんなことを言われ、ハッとしたこともありました。

「矢部さんは、溌剌《はつらつ》と頑張っている人に目が向くでしょ？」

「そりゃそうだよ。そういう人は素晴らしいし、みんなにも見習ってもらいたいと思うからね」

「でもね、矢部さん。そんな人は一部なのよ。ＴＥＳＳＥＩには毎日地道にコツコツ仕事をしている人がいっぱいいるのよ。ＴＥＳＳＥＩはそういう人で成り立っているの。矢部さんには、そういう人たちをちゃんと見てもらいたいのよね」

たしかに、言う通りだと思いました。

では、ちゃんと見るためにはどうすればいいか。九九人を大事にし、光を当てる方法について考えているとき、ＴＥＳＳＥＩで東京駅を担当している東京クリーンセンター（今はクリーン〈清掃〉ではなくサービスであるとして東京サービスセンターと改称しています）の所長の机の上に積まれたノートを見る機会がありました。表紙にはこう書かれています。

「エンジェルノート」

そこには、主任クラスのスタッフが自らの目で見て感じたほかのスタッフの「善行」が書かれていました。その内容を所長に報告するためのノートだったのです。

しかし、なかを見ると所長のハンコが押されているだけで、何のコメントも書かれていません。そばにいた所長に尋ねました。

「これは、みんなに見せているのか?」

所長は、誰にも見せていないと言います。

(もったいない……)

ふと、これを有効活用すれば、九九人に光を当てることができるのではないかと思いつきました。「エンジェルリポート」は私が創設した制度ですが、実態はスタッフのなかですでに始まっていたものだったのです。

当たり前のことを褒める大切さ

エンジェルリポートは、主任クラスのスタッフのなかから三〇人の「エンジェルリポーター」を任命し、地道にコツコツ頑張る人をリポートする。ただそれだけです。任期は一年で、どのようなことをリポートするかは、リポーターの主観に一任されます。

もちろん、主任としての仕事は通常通り全うしてもらいます。仕事に取り組むなかで気づいたこと、休憩時間に見たこと、聞いたことを何でもいいから書いてもらいます。マニュアルはありません。リポートの形式も自由です。

先ほども表彰制度のところで述べましたが、エンジェルリポーターからリポートされた数が多いスタッフには、三つのランクで表彰し、報奨金も支給します。逆に数多くリポートしたエンジェルリポーターを表彰する制度も作り、さらに活性化を図るようにしています。

先ほどリポート件数のお話をしましたが、当初二年間で一〇〇〇件という数字を少ないと感じていました。とくに、二〇〇人のスタッフを抱える田端サービスセンターからのリポートが少なかったのが目につきました。

私は各事業所のエンジェルリポーターに「もっとあるはずだ」とせっつきました。それでも、リポートは増えません。とくに少ない田端サービスセンターのインストラクターに理由を聞いてみました。

「これね、矢部さんがやれと言うからやっているけど、給料をもらっているんだからやることやるのは当たり前の話なのよ。それをどうして褒めなければいけないの？」

この制度の意味が理解されていませんでした。そこで、こう伝えました。

「みなさんは、日ごろから当たり前のことをコツコツ実行しろと指示しています。その指示に対して、スタッフはきちんと答え、結果を出しています。主任の指示を着実に実行している人を、どうして褒めないのですか」

また、こうも言いました。私自身が、スタッフに気づかされたことです。

「なぜ当たり前のことをやっている人を褒めないといけないのかなどと言っていると、みなさんについてくる人は誰もいなくなりますよ」

二年間かかりましたが、みんなで認め合うことの大切さを理解してもらいました。その後のリポートの件数が激増したのは、すでにお話しした通りです。

第五章

リーダーは、語る言葉を持て

仕事の再定義で革新が進む

第二章で、二〇〇一年に指令部長に就任したとき、最初に指令員の待遇改善に取り組んだとお話ししました。それを進める一方で、指令員の仕事を新しい視点で再定義することにも取り組みました。

列車のダイヤが乱れたとき、指令員はダイヤの復旧作業を行います。その間は非常にタイトな仕事をしていますが、ひとたび通常ダイヤに戻ると、自分たちの仕事はそこでおしまいという空気が流れていました。指令部を見ている周囲も、指令員はそういうものだという認識がありました。

しかし、それではダメなのです。

指令室にはさまざまな情報が入ってきます。その情報は、リスクに直結する重要な情報です。それを漫然と見過ごしている姿に、危機感を覚えたのです。そこで、また面倒くさがられるだろうと思いつつ、次のような声を上げました。

「指令室は、単に運行管理を行う部署ではない。リスク情報を収集し、それを本社や支社に発信するリスクマネジメントセンターだ」

入ってきたさまざまな情報を集め、分析した「指令室リポート」を作成し、本社に発信するようにしました。このリポートによって、新たな投資が実現します。

それは、雨対策です。

鉄道では、全国各地に大雨が降るとすぐ不通になってしまう箇所があります。みなさんもゲリラ豪雨や台風などのとき、列車が動かず困った経験があると思います。

その多くは切通しを通過する路線であるということはわかっていましたが、それ以上の詳しい情報はつかみきれていませんでした。指令室として、よく止まる路線の位置や理由などの情報を集めていきます。

JR東日本管内で例を挙げれば、横須賀線の西大井と新川崎の間がすぐに規制されてしまうところでした。しかし、ここは山ではありません。ちょっとした切通しはありますが、しっかりとコンクリートで固めてあります。

ところが、よく調べると民有地にかかっているため、しっかりとした工事ができず土の状態のまま放置されている部分があるという情報をつかみました。

工事費用を試算してもらうと、五億円程度。本社に提案したところ了承されたので、工事を行ってもらいました。以後、ここ十五年横須賀線を利用している人に聞くと、かなりの雨が降ってもこの区間が止まったという話は聞いたことがないといいます。

ほかにも、常磐線の安孫子《あびこ》付近、中央線ではお茶の水付近など要所の強化工事をやることによって、ここのところしばらく、ＪＲ東日本の路線で土砂崩れに乗り上げて脱線したという事故はありません。指令員の仕事を再定義したことで、仕事に対する向き合い方が変わった顕著な事例です。

この指令室リポートを作りながら指令員に語りかけたことがあります。

「情報を集めてデータ分析さえすれば、何か新しい課題や解決策が見つかると思っているのではないか。でも、それは不可能だ。データ分析は万能ではない。まずは自分の考えを持つべきだ。そしてその考えを実現するために、仮説を立ててデータ分析で検証していく。これが正しい順番だ。漫然とデータ分析をすればいいと思わないでほしい。データ分析をして仕事をしているつもりにならないでほしい」

ある事故をきっかけに、ＪＲ東日本は安全研究所という組織を作りました。

ここでは、事故のデータベース化に懸命に取り組んでいました。事故のデータを集めて整理、分析すれば、たしかに情報のデータベースは完成します。しかし、データベース化したところで、事故の生々しい感覚は浮き上がってきません。何が危険なのか、データから組み立てることはできないからです。

自分の考えを持ち、その考えを探り、こうしたらいいのではないかという仮説を組み上げ、それを検証するときに使うのがデータです。昨今はビッグデータがもてはやされていますが、ビッグデータという言葉がひとり歩きして、それを何のために使うのかという視点が曖昧なように思います。データは万能ではないのです。

指令室では、指令室が中心になって防がなければならない事故を検証するという目標を立て、それに沿ってデータを集めていきました。そのなかで結実したのが、雨対策だったのです。

響かない言葉は響くようになるまで練る

ＴＥＳＳＥＩでも、スタッフの役割を再定義しました。

何度もお話ししますが、かつてのＴＥＳＳＥＩは普通の清掃会社でした。不真面目というわけでもなく、与えられた仕事は確実にこなすものの、そこから抜け出るものがありませんでした。しかも、ほとんどのスタッフは、自分が清掃作業員であることに引け目を感じ、下を向いて歩くのが癖になっていました。

私が入社した翌年の経営計画で「新しいトータルサービスを目指して」というテーマを掲げました。清掃に従事しているスタッフにとっては、突然トータルサービスと言われてもピンときていないようでした。なかなか理解されないまま、一年間が過ぎました。

翌年も、同じテーマの経営計画を発表しました。そのとき、スタッフになんとか理解してもらおうと、「みんなで創る『さわやか、あんしん、あったか』サービス」というサブテーマを加えました。

そもそも、TESSEIのスタッフのおばちゃんたちは、会社にいろいろな不満は持っていたものの、もとが明るくて元気な人たちでした。だから、よく企業の標語になる「明るく、元気」は必要ないと思ったのです。ありふれた標語のように見えるかもしれませんが、真剣に考えて作ったのです。

まず「さわやか」というのはこういう意味です。

駅や新幹線の車内は、お客さまをお迎えし、おもてなしをするステージです。そのステージが汚らしかったら台無しです。清掃は自分たちの本業でもあるのですから、清潔でさわやかな空間をつくり上げようということです。

先日事業再生を専門とする弁護士さんと話をしました。事業再生をしなければならない状態に陥る企業の共通点について、その弁護士さんが最初に挙げたのが「会社が汚い」という点でした。

よく「5S」という言葉が語られます。整理、整頓、清掃、清潔、躾です。これがすべての基本であるということです。単にきれいにするだけではなく、その心構えや組織としての秩序のあり方も含め、さわやかさが必要だと思います。

次は「あんしん」です。

TESSEIは新幹線輸送を担っているので、安全確保は最も重要な任務です。その安全を、お客さまに買ってもらわなければ存在する意味がありません。

しかし「私たちは安全に仕事をしています」と口にしたところで、身なりや格好を見られて「何よ、あの格好。この人たちに任せて安心かしら？」と思われたら元も子もありません。だから、さわやかな身だしなみ、きびきびとした行動で安心と信頼を届けるということです。

これについては、スーパーマーケットの店員さんを見ればわかっていただけると思います。スーパーマーケットも、自らが扱う食料品は安全、安心でございますとアピールしています。しかし、それを売っている店員さんの服装がどろどろに汚れていたとしたら、商品だって怪しく見えてしまいます。

三番目は「あったか」です。

駅は、お客さまとの出会いがある場所です。ＴＥＳＳＥＩは、そのお客さまとの出会いを大切にしたいと考えています。その出会いを「思い出」という「お土産」として、お客さまに持って帰っていただきたいのです。そのとき、その思い出があったかなものとして記憶されるよう、努力していきたいと思っています。

実は、それぞれ意味合いは定めていますが、その具体的な活動までイメージしていたわけではありませんでした。むしろ、そこは現場のスタッフの力で落とし込んでもらいたいと考えていたのです。そのために、現場の意見を吸い上げる「思い出」創成委員会という組織を立ち上げましたが、すぐにはわかってもらえません。

今、ほうきを持って胸を張っている古株のおばちゃんたちには、お子さま連れのお客さまから「勉強しないとああいうふうになるのよ」と指を差された経験があります。そんな人たちに「さわやか、あんしん、あったか」「新しいトータルサービスを目指して」と説いても、そう簡単にわかってもらえるわけがありません。

そこでコメットスーパーバイザーというチームを作りました。お掃除をしながらお客さまのサポートをするチームです。お掃除だけでなく、こういうふうに変わっていかなければならないという姿をみんなに見せていったのです。それと同時に小集団活動を活性化させました。小集団活動とは、サークル活動をイメージしていただければいいと思います。

小集団活動は従来から行っていましたが、あまり意味のある活動ができていませんでした。それを「さわやか、あんしん、あったか」の具体的な活動を考えるための場とすることで、スタッフたちに自発性と自信が芽生え始めたのです。

不思議なもので、今まではこうだと思っていたことが、いや違う、これからはこうだと決めた瞬間から、考え方もやり方も変わってくるのです。人間の意識が、トップの意思で激変することの好例でしょう。

独断の際も言葉には気をつける

ほぼ同じころ、スタッフをその気にさせるため、制服を変えようと画策しました。人は見た目に左右されるからです。逆に言えば、見た目が変われば人も変わり、見る目が変わることで、人自体も変化すると考えたからです。

私は、ＪＲマンとして制服を着用する仕事に就いていました。制服はお客さまにアピールするだけでなくスタッフの心にも大きな影響を与えます。

ＴＥＳＳＥＩに転じてみると、その制服はまさに「お掃除のおばちゃん」というイメージを彷彿《ほうふつ》とさせるものでした。自分でも一ヵ月間の実習のときに着用しましたが、お世辞にもやる気の出る制服とはいえませんでした。

もちろん、スタッフに「これダサくない？」とは言えません。

ずっとその制服で仕事をしてきたスタッフに対し、新参者が正面から否定してしまったら、反発を食らうのは目に見えています。だから独断で制服を変えると宣言しましたが、スタッフたちからはやはり否定的な言葉を突きつけられます。

「なによ、今までのやつが一番いいのよ」

「まったく、来て早々余計なことを言って」

（まずいな……）

何か手を打たなければなりません。キーパーソンは主任クラスのスタッフです。主任さえ納得させられれば、ほとんどの人はついてくるとわかっていたからです。

そこで、制服業者の人に頼んで三〇種類ほどの見本を持ってきてもらい、東京の主任五〇人を集めて投票してもらいました。結果は、バラバラでした。

私は「しめた！」と思いました。

私が決めていた制服を一位だと言っても、不審に思われないからです。嬉々とする私に、補佐をしてくれていた社員が慌てて制止します。

「矢部さん、いいんですか？」

「いいからいいから、絶対これにしよう！　おまえ、黙っとけよ」

私はシレッと「投票の結果、これが一位となりました」とやりました。案の定、誰も私の「不正」に気づきませんでした。しかし「何？　こんな地味なヤツ？」と評判は悪い。それならと、ベタベタとワッペンを貼りつけてキラキラにしました。

スタッフは気づかなかったと思いますが、この制服の変更は、清掃作業員として掃除をする仕事から、サービス業として思い出を売る仕事への再定義のために必要なことでした。

結果、制服を変えた効果は絶大でした。

それまでは、スタッフの制服を見て「お掃除の人たちに聞いてもわからないわよね」と面と向かっておっしゃっていたお客さまが、新しい制服にしてから、スタッフにいろいろなことを尋ねてくるようになったのです。新幹線の乗り場や他線への乗り継ぎの方法などです。お客さまのスタッフを見る目が変わったので、あとはスタッフが変わるしかなくなったというわけです。

「こんなアホらしいことは、明日からやめる」

時を戻し、立川駅長に就任してすぐの一九九八年四月。

所属する八王子支社の指示で「お客さま挨拶キャンペーン」が始まりました。駅長がほかの社員とともに改札に立ち、お客さまに向かって「おはようございます」を連呼するのです。初日を終えたあと、私は副駅長にこう宣言しました。

「こんなアホらしいことは、明日からやめる」

副駅長の青い顔は今も忘れられません。

「駅長、ダメですよ。支社からの指示なんですから」

「ダメだ、やめる。支社が何か言ってきたら、俺が説得するから大丈夫だ」

もちろん、挨拶するのは悪いことではありません。でも、改札の前に立って「おはようございます！」「おはようございます！」と声を張り上げても、ほとんどの人が目の前を無表情で通り過ぎていきます。

お客さまの立場に立ってみても、朝の慌しい時間帯に駅長や駅員から挨拶されたとして、それを気持ちがいいと感じるでしょうか。挨拶されないよりされたほうがいいとは思いますが、挨拶されなかったからといって、気分が悪くなるものでもないと思います。だとすると、これほどやりがいのない仕事はありません。単なるパフォーマンスで、いくらやっても無駄だと思いました。

それよりも、私と一緒に挨拶に立った二人の駅員が、ほうきと雑巾を持って汚れている券売機周辺やみどりの窓口を掃除したほうが、よっぽどお客さまサービスの理念にかなっていると考えました。

そのとき、切符を買えずに困っているお年寄りがいたら、一緒に買って差し上げればいいのです。受付カウンターで新幹線の切符や定期券の申請書などを書いているお客さまがいれば、その方々のお手伝いをしたほうがいいのです。

そして、そこで起こったことを報告・共有させます。

どのようなお客さまがどのような問題でお困りだったか、それを集計し、みんなで知恵を出し合えば、新たな取り組みが生まれる可能性があります。ただ突っ立って挨拶をしているだけでは、次につながる課題は見えてきません。

変えてはいけないもの、変えなくてはならないもの

実は、一九八七年四月に国鉄が分割民営化されたとき、その初日に東京駅で駅員が一斉に「おはようございます」「ありがとうございます」と連呼しました。民営化されてサービスが向上した姿を見せたいと思ったのでしょうが、取り組みは一ヵ月も続きませんでした。

人間は、自分のやった仕事が相手に評価され、認められ、注目されないと、絶対に続けられません。東京駅の挨拶が頓挫したのは、そのことが原因だと思います。そうしたケー

スがあったにもかかわらず、またもや挨拶キャンペーンを立ち上げるなど、事の本質がまったくわかっていない証拠だと、私は思いました。

これ以外にも、個人的に見当外れだと感じることはいろいろありました。たとえばＪＲグループでたびたび開催される、航空会社のキャビンアテンダントを招いてのサービスに関する講演会。これも、はっきり言って無駄だと思いました。なぜなら、彼らと私たちでは、サービスの質が異なるからです。

もちろん、彼らのサービスに対する心構えは学ぶべきでしょう。しかし、仕事の内容はどうでしょうか。彼らは、最も大きいジャンボ機でも、キャビンアテンダント七人から八人で五〇〇人のお客さまに対してサービスを提供します。一方、東京駅なら、それほど多くない人数のスタッフで一日あたり七五万人のお客さまに対するサービスを展開しているわけで、サービスの質はまったく違うといえます。

航空機では、乗車するお客さまにキャビンアテンダントが挨拶をし、お一人お一人にきめ細かいサービスを行うことができます。でも大量輸送の鉄道で同じことが可能かどうかということです。

むしろ、自動改札はスムーズに通過できればよく、自動券売機ではお金を入れて簡単に買えればいいのです。時刻通りに列車が来て、目的地まで時刻通りに運んでくれれば、それで不満はありません。途中、車内がきれいで乗り心地さえよければ、車掌によるさらなるサービスを期待する人はほとんどいません。

私たちのサービスの本質は、安全に輸送することと、何か困った事態が発生したときに親身になってサポートすることです。改善すべきはそうした部分なのに、キャビンアテンダントのように振る舞うことが改善だと思うから多くの社員が挫折感を持つのです。

グローバル化に伴い、変化しなければならないとあたふたしている人がいます。

その人たちに聞きたいのは、「どういうふうに変わろうとしているのか」ということです。面白いことに、「変わらなければならない」と言っている人に限って、どのように変わるかというイメージを持っていません。

変わるにしても、すべてを変える必要があるのでしょうか。なかには、変えてはいけないものが必ずあるはずです。

それは、自分たちの核になるものです。

軸といってもいいし、ブランドといってもいいでしょう。まずはそれを変えてはいけないものとしてしっかりと認識し、そこを極めたうえで、変えてもいいものを自由に上乗せしていくべきではないでしょうか。

私たちTESSEIでいえば、本業であるお掃除の部分を徹底的に極める。そこは一切変えていません。変えてはならないものとして、全員に徹底しています。私が変えてきたのは、その部分ではなくマネジメントの手法です。そこを見誤ると、本当の意味での革新には至らないでしょう。むしろ事態を悪くすることすら、あると思います。

少し前、某鉄道グループの集まりでお話しをさせていただいたとき、こんな質問が出ました。

「私たちは、TESSEIさんに追いつけ、追い越せを目標にやっています。今、問題と感じているのは、駅員の列車監視の態度です」

列車監視とは、列車がホームに入ってくるときに、車掌が安全確認を行う業務のことです。

「どうしても横柄な態度になってしまうんです。どうすれば改善できるかとても悩んでいるので、いい方法があったら教えてください」

私は、こう答えました。

「JRも一緒ですよ、東京駅に立っている人も、同じような感じです」

私が言いたいのは、列車監視のときに笑顔が必要かという問題です。映画『鉄道員《ぽっぽや》』の高倉健さんを思い出してください。駅員である彼は、無闇に笑顔を振りまいていたでしょうか。制服をきっちり着こなし、制帽をかぶってピシッとしているあの佇《たたず》まいからは、みなさんの安全を守っているという気概が伝わってきます。

列車監視は、安全が目的なので笑顔を振りまく必要はありません。そんなところを変える必要はまったくないのです。私たちはこうしてお客さまの安全を守っていますということを徹底して真摯に遂行するだけで、お客さまは安心するのです。

TESSEIのスタッフも、本当に困っているお客さまに向き合うときは笑顔はありません。お客さまをお手伝いしたいという気概に、笑顔が必ずしも必要とは限りませんし、笑顔でなくたって伝わるものは伝わります。

自分たちの仕事は何か。何を徹底しなければならないのか。変えてはいけないものと変えなければならないものの判断は、その軸に基づいて考えるべきです。

マニュアルをつつき回すより「人間」に働きかけよ

最近、自分の考えや、やり方をどのように変えていったのですかという質問をされることが増えています。それは、ＪＲという安全・輸送関係の仕事からＴＥＳＳＥＩという清掃関係、つまりは異分野の仕事に移って結果を出したので、私の仕事に対する姿勢が変わったのだろうという前提で発せられる質問です。

それに対し、私はこう答えています。

「私はＪＲで安全に関わる仕事をしてきたので、ＴＥＳＳＥＩで働くおばちゃんやおじちゃんと一緒にやってこられたのです」

この意味についてお話ししましょう。

安全を語るとき、テクニック論に陥る傾向があります。ルール、マニュアル、システム、仕組み。これらを完璧に構築すれば、安全が担保されると考えている人は多いと思います。

しかし、たしかにルールやマニュアルが非常に重要である安全というジャンルでも、突き詰めていけばテクニックでは通用しないことがわかります。なぜなら、そのルールやマニュアルを作るのが「人」だからです。それをメンテナンスし、オペレーションするのも人です。最終的には「人」に戻ってくるのです。

安全に関わっている人は、たった一日や二日の研修だけでやっているわけではありません。彼らは、三百六十五日ずっと安全に関わっています。そういう人たちに対して、素晴らしいルールを作り、ルールをちゃんと守りなさいと言っても、そのルールが守れなくて事故が起こるわけです。

完璧なマニュアルは作った。

絶対これでやれ。

あとは何が起きても知らない。

こっちはちゃんとマニュアルを作ったのだから、できなかったヤツが悪い。

ルール、マニュアル、システム、仕組みにこだわる人は、こうした発想を持っていないと断言できるでしょうか——。これらはしかし、「管理」をする者の発想です。

「管理」をする者の発想ではフォロワーは動きません。現場の人がどう動くか、人間というのはどう考えるかについて、同じ目線に立って考えながら、最適なものを作っていかなければなりません。

最初から人に働きかけようとするのは労力を伴うことだと思いますが、リーダーはそこに踏み込むべきなのです。

自分の組織に合った方法を見つける

ＴＥＳＳＥＩも同じです。私たちの最高のおもてなしは、迅速、正確で完璧な清掃です。それを遂行するためのルール、マニュアル、システム、仕組みは非常に重要です。本業ですから、これだけは変えてはならないものです。

しかし、軸となる仕事を完璧に遂行するためには、こうしたルール、マニュアル、システム、仕組みだけでは対応できない場合があるというのもまた事実なのです。昔、テレビの有名なバラエティ番組でこんな歌が流れていました。「♪親亀の背中に子亀を乗せて、子亀の背中に孫亀乗せて、孫亀の背中にひい孫亀乗せて、（中略）親亀こけたらみなこけた♪」というようなものです。親亀は「人」、子亀、孫亀、ひ孫亀は、それぞれ「システム」「仕組み」「ルール」「マニュアル」です。要は最後は「人」なのです。その「人」をどうするか。

では、何が必要なのでしょうか。答えは、すでに書いた通りです。

現場を機能させ、さらに大きな広がりを持たせるには、人間に働きかけるモチベーション、誇り、感動が必要だと言っているのです。軸となるルール、マニュアル、システム、仕組みが体幹だとしたら、体幹を動かすためのしなやかな筋肉がモチベーション、誇り、感動だといえます。

私が「安全に関わる仕事をしてきたので、TESSEIで働くおばちゃんやおじちゃんと一緒にやってこられた」というその意味は、「人間に働きかけるリーダーシップを模索し続けているから、うまくやってこられた」ということなのです。

講演に呼ばれると、私は本書で述べてきたようなことを話します。すると終了後、みなさん一様にこうおっしゃいます。

「ありがとうございました。私たちもTESSEIさんのような形でやってみたいと思います」

私は、すぐに否定します。「それではダメなんです、効果はありません」と。

一〇〇の組織があったら一〇〇通りのやり方があるのです。私がみなさんに参考にしていただきたいのはテクニックではなく、考え方です。

体幹部分は、人や組織ごとにそれぞれ違うはずです。体幹が違えば、それについてくる、あるいはつけるべき筋肉も違うはずです。

自分のチームや組織に合う方法を考えるのが、リーダーの仕事です。

「やる」ではなく「やり遂げる」

ＴＥＳＳＥＩが単なる清掃会社ではなく、よく考えてみるとサービス業だったということは、ずいぶん前からわかっていたことでした。その証拠に、私が赴任する九年も前から、ＴＥＳＳＥＩは「お客さま満足を目指して」という目標を打ち出していたからです。

しかし、私が入る時期になっても実現できていませんでした。それは、旧態依然とした上意下達の仕組みによって、ただ「お客さま満足を目指そう」と叫んでいるだけだったたからです。経営陣はスタッフみんなが聞いてくれていると思っていたのに、その声は空しく宙をさまよっているだけでした。「共通の夢」とは程遠い状態でした。

私もそれに倣って、「お客さま満足のさらなる向上を目指して」と言ってもよかったのです。だって、私たちが目指しているところは、お客さまに満足していただくことにほかならないからです。

しかし、スタッフは今までずっと同じことを言われ続けて耳にタコができた状態です。さらに同じことを言っても効果がないと考えたからこそ、「思い出」という耳慣れない言葉を使いました。自分たちがただの清掃作業員だと思っている時代は終わったのだと、理解してもらいたかったのです。

しかし、わけのわからない言葉で注意を惹きつけられるのは一瞬ですし、それだけで当時六八〇人いたすべてのスタッフの心に火をつけられるわけはありません。

それでも、いたずらに時間をかけて、手をこまぬいているわけにはいきません。私一人でできないのであれば、私の考えていることをスタッフに説明できる人をつくり、その人たちを通じて間接的に自分の考えを伝えていこうと考えたのです。

それが、先にも述べたコメットスーパーバイザーです。

グリーン車の清掃を担当する部署として存在していたコメットクリーンセンターをベースにした組織です。彼女たちは清掃だけではなく、自主的にお客さまの案内に取り組んでいましたが、それを再編成して名称を変更し、本格的にお客さまをサポートするチームに生まれ変わってもらいました。

チームは一四人で編成しました。彼女たちには私の考えを理解し、実践してもらい、さらにはほかのメンバーにも影響を与えてもらおうと考えました。

しかし、彼女たちもすぐに私の考えに賛同してくれたわけではありません。どうしても納得できず、辞めていった人もいました。新聞に登場させたりさまざまな会合にも引っ張り出したりしたため、彼女たちの意図とは別に目立つようにもなりました。そのため、この動きが気に入らないスタッフから足を引っ張られ、辛い思いをさせてしまったのです。

奇跡の職場といわれるＴＥＳＳＩも、そうした代償もありながら、徐々にスタッフに理解されていったのです。

一〇〇人の人間がいたら、その一〇〇人すべてをモチベーションの高い人材にしようとしても難しいことは、リーダー経験者なら痛いほどわかっているでしょう。

だとしたら、一〇〇人のうちの一〇人に、いや、一人でもいい、リーダーの思いやマインドを徹底的に叩き込み、その人たちにどんどん走ってもらうほうが現実的ではないでしょうか。結果的に、改革のスピードも速まると思います。

よく「ＴＥＳＳＥＩさんはスタッフの方々のモチベーションが高いですね」と言われます。しかし、現実に人の前を走っていくほど積極的なスタッフは、全体の一割もいないと思います。

でも、一〇〇人のうちの一〇人が引っ張ってくれるので、全体の水準は上がります。ＴＥＳＳＥＩ全体のなかではモチベーションが低めの人でも、全体が引き上げられているため、気づけば知らないうちにモチベーションが上がっているという状態がつくられているのです。

これがＴＥＳＳＥＩの伝統、ブランドになっていくのだと思います。会社の伝統やブランドをつくっていくのは経営者だけではなく、周囲を巻き込む力のあるリーダーの卵たちです。だからこそ、リーダーには夢を掲げ、そういう存在を育成する責務があるのです。

Do something！「やらなくてはいけない」ではなく「やる」んです。

でもそれだけではだめです。

「やり遂げる」こと。これが私の人生のなかで学んだ大切な大切な「言葉」なのです。

おわりに――まずはリーダーが幸せになりなさい

ＴＥＳＳＥＩは、経済産業省の「おもてなし経営企業選」に選ばれました。その目的について、経済産業省のホームページにはこう書かれています。

「少子高齢化、価格競争の激化、グローバル化への対応等、多くのサービス事業者は厳しい競争にさらされています。一方、各地域には、価格競争に陥ることなく、顧客のニーズに合致したサービスを継続的に提供し、『顧客』のみならず、『社員』、『地域・社会』から愛される経営を実現している企業が存在します。経済産業省では、このような『①社員の意欲と能力を最大限に引き出し、②地域・社会との関わりを大切にしながら、③顧客に対して高付加価値・差別化サービスを提供する経営』を『おもてなし経営』と称して、地域のサービス事業者が目指すビジネスモデルの一つとして推奨しています」（経済産業省・おもてなし経営企業選ホームページより）

二〇一二年度は、ＴＥＳＳＥＩを含め五〇社の企業の名前が並んでいます。

念押ししておきますが、顧客に対する「おもてなし企業選」ではありません。それだと、お客さまをおもてなしするのに優れた企業、という誤解が生まれます。

そうではなくて、経済産業省の発想は、社員をおもてなししている企業選です。会社からおもてなしを受けていない社員が、お客さまのおもてなしなどできるはずがない、という発想だと思います。

ＴＥＳＳＥＩが新幹線のトイレを男女別にする提案をしたり、駅にベビー休憩室をつくったり、乗車されるお客さまが快適に過ごせるよう座席をきれいに整えても、それでお客さまの数が二倍にも三倍にも増えるわけではありません。

ＴＥＳＳＥＩはＪＲ東日本グループの受託会社ですから、収入はＪＲ東日本からのものがほとんどです。売り上げが急増するわけではありませんが、普通に仕事をすれば極端に減ることもなく、安定した数字が確保できます。

もちろん、売り上げを伸ばすことは企業として必要です。赤字を出さず、利益を安定的に計上することも、企業である以上不可欠です。ＪＲ東日本グループの受託会社といっても、やり方によっては両方を実現することも不可能ではないでしょう。

しかし、TESSEIの目標は、売り上げや利益を伸ばすことだけではありません。TESSEIで働くスタッフが、幸せになることを最大の目標としているのです。

もっと売り上げを増やし、もっと利益を追求する。規模を拡大し、内部留保を高め、株主価値を最大化する。それはそれで素晴らしいことだと思います。しかし、それはプロセスにすぎないのではないでしょうか。

売り上げを増やし、利益を追求し、規模を拡大し、内部留保を高め、株主価値を最大化することによって、何を目指すのかということが問題なのです。会社として成功したとしても、そこで働く人が幸せではないケースが数多くあることが気になります。

企業は、そこで働く一人ひとりの社員、契約社員、パート、アルバイトに下支えしてもらってはじめて力を発揮できます。それなのに、彼らを顧みることなく上ばかり目指している企業を見るにつけ、いつか企業としての力が削がれてしまうのではないかと心配になります。実際には、そこで働く人たちが幸せになることが企業の力を強いものにし、新たな発想が生まれてくるからです。

顧客第一主義という言葉がいつの世も叫ばれています。

これを追求するのは素晴らしいことです。しかし、製品やサービスを提供する側の企業で働く人が、幸せでやりがいを持って生き生きしていなければ、お客さまに魅力的な製品やサービスを提供することなどできないのではないでしょうか。

会社から「おもてなし」を受けることもなく、むしろ鞭《むち》でひっぱたかれて働かされる不幸な人が、お客さまに「おもてなし」をできるわけがないと、私は思います。今、その順序が逆になっている企業が少なくないように思います。

ザ・リッツ・カールトン・ホテルは、その「おもてなし」が教科書にされるほど優れたサービスを提供するホテルです。東京ディズニーランドも、素晴らしい「おもてなし」をしていると思います。ただ、ザ・リッツ・カールトン・ホテルを訪れるお客さまは、どのような方でしょうか。おそらく、金銭的にも恵まれた限られたお客さまです。東京ディズニーランドを訪れるお客さまは、どのような方でしょうか。おそらく、東京ディズニーランドを楽しもうと、ウキウキとした気分でいらっしゃる方だと思います。

一方、新幹線にご乗車になるお客さまは、どのような方でしょうか。家族旅行、一人旅、故郷からの旅立ち、帰省、冠婚葬祭、仕事の出張……みなさん数えきれないほどさまざまなご事情を抱えていらっしゃると思います。

仕事でご乗車いただくお客さまでも、前向きな気持ちで出かけられる仕事の方もいらっしゃれば、取引先に決死のお詫びに向かわれるお客さまもいらっしゃいます。旅行でワクワクしている方もいらっしゃれば、大切な人が亡くなってお葬式に向かわれる方もいらっしゃいます。これだけいろいろなお客さまがいらっしゃるのに、お客さま第一、お客さま第一というだけでは、結局誰のためにもならないようなことしかできなくなります。さらにそれで問題が発生した結果、スタッフが「しっかりやれ！」と怒られるようでは、やる気も湧かず、挫折感が生まれるだけでしょう。

だからこそ、私は一方通行ではいけないと考えるのです。

エンジョイ・ウィズ・テッセイ。

TESSEIを通じて、お客さまもスタッフも共にエンジョイしようという発想です。

その実現のためには、スタッフがお客さまのため、仲間のためを考える前に、まずは自分の幸せを考えるべきなのです。自分が幸せにならない限り、人のことを幸せにすることはできません。このことを忘れてはならないと思います。

リーダーも同じです。

リーダーは、特殊な存在ではありません。リーダーだから自分を犠牲にして、お客さまや会社やフォロワーを大切にしなければならないということはないのです。リーダーもみんなと同じ人間です。幸せでありたいと願う人間なのです。

むしろ、リーダーが自分の幸せを追求しないと、みんなを幸せにすることなどできません。リーダーが夢を持ち、自分の幸せを追求していないのに、部下が自分の幸せを各々追求することなどできないからです。

リーダーは周囲のロールモデルです。だからこそ、夢を追い、幸せを追求する姿を見せなければなりません。リーダーからスタッフまでみんなが幸せなチームや組織なら、間違いなくお客さまも幸せにできるでしょう。「おもてなし」の本当の価値は、このように広がる幸せの輪にあるのだと、私は思います。

最後に本書を執筆するにあたって多くの方にお世話になりました。発刊のきっかけを作ってくださった津田秀晴さん、そして執筆から校了まで懇切丁寧なサポートをしてくださった新田匡央さん、PHP研究所の大村まりさん、PHPエディターズ・グループの田谷裕章さん、素敵な写真を撮ってくださった山口結子さん、ありがとうございます。この場をお借りして心よりお礼申し上げます。

PHP
Business Shinsho

矢部　輝夫（やべ・てるお）

合同会社 おもてなし創造カンパニー 代表。前JR東日本テクノハートTESSEI おもてなし創造部長。東日本旅客鉄道株式会社「安全の語り部（経験の伝承者）」。1966年、日本国有鉄道入社。以後、電車や乗客の安全対策を専門として40年勤務し、安全対策部課長代理、輸送課長、立川駅長、運輸部長、指令部長の職を歴任。2005年、鉄道整備株式会社（2012年に株式会社JR東日本テクノハートTESSEIへ社名変更）取締役経営企画部長に就任。従業員の定着率も低く、事故やクレームも多かった新幹線の清掃会社に「トータルサービス」の考えを定着させ、日本国内のみならず海外からも取材が殺到するおもてなし集団へと変革。2011年、同社専務取締役に就任。2013年、専務取締役を退任、おもてなし創造部長（嘱託）。2015年、おもてなし創造部顧問を経て退職。合同会社「おもてなし創造カンパニー」を設立し代表となり、現在に至る。著書に、『奇跡の職場　新幹線清掃チームの働く誇り』（あさ出版）がある。

PHPビジネス新書 335

リーダーは夢を語りなさい
新幹線清掃会社「TESSEIの奇跡」が起きるまで

2015年7月6日　第1版第1刷発行

著　者　矢部輝夫
発行者　小林成彦
発行所　株式会社PHP研究所
東京本部　〒102-8331　千代田区一番町21
ビジネス出版部　☎03-3239-6274（編集）
普及一部　☎03-3239-6233（販売）
京都本部　〒601-8411　京都市南区西九条北ノ内町11
PHP INTERFACE　http://www.php.co.jp/
装　幀　齋藤 稔（株式会社ジーラム）
編集協力・組版　株式会社PHPエディターズ・グループ
印刷所　共同印刷株式会社
製本所　東京美術紙工協業組合

ISBN978-4-569-82531-1

「ＰＨＰビジネス新書」発刊にあたって

わからないことがあったら「インターネット」で何でも一発で調べられる時代。本という形でビジネスの知識を提供することに何の意味があるのか……その一つの答えとして「**血の通った実務書**」というコンセプトを提案させていただくのが本シリーズです。

経営知識やスキルといった、誰が語っても同じに思えるものでも、ビジネス界の第一線で活躍する人の語る言葉には、独特の迫力があります。そんな、「**現場を知る人が本音で語る**」知識を、ビジネスのあらゆる分野においてご提供していきたいと思っております。

本シリーズのシンボルマークは、理屈よりも実用性を重んじた古代ローマ人のイメージです。彼らが残した知識のように、本書の内容が永きにわたって皆様のビジネスのお役に立ち続けることを願っております。

二〇〇六年四月

ＰＨＰ研究所